Die
Brunfthexe

Ein Jagdhistörchen
aus den Karpathen

Mit 18 Abbildungen

Von
Walther L. Fournier
(„Der Wilde Jäger")

2. Auflage

1985
Jagd- und Kultur-Verlag, Sulzberg/Allgäu

DIE JAGDPRAXIS

Bibliothek für Jäger und Jagdliebhaber. Hervorragende Fach- und Erlebnisbücher von anerkannten Fachleuten.

Aus der Praxis – Für die Praxis

DER GRÜNE PFAD

© Jagd- und Kulturverlag, Postfach 9, D-8961 Sulzberg/Allgäu
Alle Rechte vorbehalten
Satz und Druck: Sulzberg-Druck GmbH, 8961 Sulzberg im Allgäu
ISBN 3-925456-06-6

I.

Natürlich ruhen seine Gebeine längst in der Gruft seiner Ahnen, und all die handelnden Personen, einschließlich der Brunfthexe, die in dieser Geschichte sonst noch an unseren Augen vorüberziehen werden, deckt grüner Rasen, oder der Wind hat sie verweht in endlose Fernen. Jahrzehnte sind darüber vergangen im Strom der Zeit, und wenn mein Haupt nicht selbst jetzt der Schnee des Alters deckte und ein erbarmungsloser Nordsturm auch diese knorrige Eiche bald über Nacht entwurzeln könnte, würde ich nicht zum Griffel greifen, um diese wundersamen Ereignisse der staunenden Mitwelt zu verkünden. Sie schweigend mit ins Grab zu nehmen, wäre ein Jammer ohnegleichen.

Als noch nicht fahrender Jäger Strom die Gefilde der Nachbarmonarchie jenseits der schwarz-gelben Grenzpfähle zur Herbstzeit überschwemmte, um mit scharfschießenden Fernrohrbüchsen die Urwaldsrecken greulich zu dezimieren, hatte ich in duftiger Karpatheneinsamkeit ein Jagddorado entdeckt, das all meine kühnsten Träume bei weitem in den Schatten stellte. Unberührter Urwald auf Quadratmeilen in der Runde, als Jagdnachbarn Magnaten von einer so unwahrscheinlichen Größe, daß sie sich selbst ob ihres Reichtums ganz komisch vorkamen, ein Hochwildstand, an Quantität normal, an Qualität aber das gewöhnliche Maß durch die Wucht der Dimensionen seiner Tiere geradezu erdrückend. Geweihe wuchsen da, von einer Stärke, wie sie selbst in prähistorischen Gräbern noch nie gefunden wurden.

Als harmloser Naturschwärmer hatte ich in dem durch seine Schwüle bekanntlich allen Meterologen besonders merkwürdigen Sommer des Jahres 18.. jene Gegenden und Wälder mit der Botanisiertrommel durchstreift, hatte Schmetterlinge von seltener Farbenpracht gefangen, Käfer mit den bizarrsten Körperformen überlistet und meine Steinsammlung durch Exemplare bereichert, die von dem überreich darin vorhandenen Edelmetall nur so glitzerten. Und doch, als ich das Ergebnis meiner mühevollen Forschungen in stiller Nachtstunde ehrlich nach seinem vollen Werte festzustellen suchte, der edelste Stein, den ich entdeckt, war ohne Zweifel jenes wahrhaft königliche Hochwildrevier. Das mußte mein werden, war somit ausgemachte Sache!

Der Besitzer, ein polnischer Graf, wohnte in Lemberg. Dies schien mir ein Wink des Schicksals, denn der Zufall wollte, daß ich auch gerade in Lemberg wichtige Geschäfte zu erledigen hatte. In meinen Freistunden beschäftige ich mich nebenbei nämlich auch mit Familienforschung: den eigenen Ahnen nachzuspüren bis in die fernsten Jahrhunderte, in alten vergilbten Chroniken zu blättern, verstaubte Kirchenbücher zu wälzen, die von Menschen geschrieben und von Menschen handeln, die seit Jahrunderten verfault sind, hat einen ganz eigenartigen Reiz. So mit beiden Händen in Revolutionen, Bluthochzeiten, Dreißigjährigem Krieg oder gar den Kreuzzügen zu wühlen, ist eine Wonne ohnegleichen.

Dabei hatte ich denn auch zufällig entdeckt, daß einer meiner Ahnen, Kasimir mit Namen, in Lemberg einen Sohn bekommen hatte. Nanu, simulierte ich, erstaunt ob dieses merkwürdigen Faktums, was hatte der Kasimir denn Anno 1789 in Lemberg zu schaffen, wo er doch um diese Zeit bereits in Preußen beheimatet war.

Nun, ich habe das bei meinem kurzen Aufenthalt zwar nicht ergründen können, da sich in den städtischen Archiven die Leute meist der polnischen Sprache bedient hatten und sich auch dazumal derselben noch bedienten, aber ich hatte wenigstens meinen polnischen Grafen gesprochen und bescheiden angefragt, ob er mir die Jagd seines von mir entdeckten Reviers nicht verpachten wolle.

Der alte Herr hatte mich durch seine Brillengläser zuerst zwar etwas komisch angeäugt, als ob er an meinem Verstande zweifelte, denn damals war das Verpachten der Magnatenreviere noch nicht so eingerissen wie heute; allmählich aber war er zutraulich geworden, je mehr ich ihm die Schönheit der Wälder, meine Passion für Schmetterlinge und Käfer und ähnliche Extravaganzen schilderte. Und da er dort weder ein Schloß, noch ein Kastell, noch, wie es schien, irgend etwas zu tun hatte, so machte er sich allmählich mit

6

Der Verfasser mit zwei erlegten Zwölfendern

dem Gedanken vertraut, um so mehr, als er selbst, wie er mir versicherte, für Jagd und ähnlichen Sport absolut kein Interesse hatte.

Schließlich nannte er eine für heutige Verhältnisse minimale, für damalige im allgemeinen und die meinigen im besonderen aber immerhin recht erkleckliche Summe, die ich ihm zahlen müßte; und Blockhäuser, fuhr er fort, wenn Sie welche brauchen, müssen Sie sich natürlich allein bauen.

Ich bat mir Bedenkzeit aus und reiste heim. Unterwegs grübelte ich hin und her, wie sich die Sache am besten darstellen ließe; hat man zu wenig Kapitalien, kalkulierte ich, um ein Geschäft allein zu eröffnen, so nimmt man sich einfach ein oder zwei Kompagnons, wie das ja im heutigen Geschäftsleben allgemein üblich ist, hinein, und gleich ist alles in bester Ordnung. Gesagt, getan! Zu Hause angekommen, setzte ich also alle Hebel in Bewegung, um für das etwa 30 000 Morgen große Revier einen oder zwei Partner zu bekommen. Man konnte das Paradies ja einfach parzellieren, für einen allein war es viel zu groß, der hätte höchstens bei größter Emsigkeit den dritten Teil bejagen können. Zu mehreren dagegen konnte man Leiden und Freuden bequem gleichmäßig teilen, der Mammon war dann für den einzelnen erschwinglich und die Chance, gute Trophäen zu erbeuten, für jeden gleich groß.

Na, in früheren Jahrzehnten fand man für solche jagdlichen Extravaganzen eher Kumpane als heute, wo die meisten, wie sie selbst sehr richtig sagen, sich die Pfoten verbrannt haben. Früher waren die Leute auf der Jagd noch nicht so gierig, sie jagten gemütlich, behaglich und mit Genuß. Sie freuten sich an der Gegend, sie genossen die Reize des Waldes, sie beobachteten stillvergnügt das Wild, waren Tag und Nacht tätig, allein natürlich, ohne Leibjäger oder ähnlichen Appendix, machten sich ihre Hirsche selbst aus und schossen schließlich den einen oder anderen oder, wenn es ganz schlecht ging, fuhren sie auch als Schneider nach Hause. Nicht mit blödem Geschimpfe über die gottverdammte Jagd, den gemeinen Reinfall – bewahre, ebenso behaglich vergnügt, wie sie gekommen waren, ein wenig Resignation vielleicht im Herzen, daß es nicht besser geklappt hatte und mit dem stillen, unausgesprochenen Selbstvorwurf: „Das und das hättest du anders machen müssen, dann hättest du den Vierzehnender doch wohl bekommen." Ja, früher, das waren Jäger! Aber die sind ausgestorben fast; heute überwiegen die Schießer.

Merkwürdige Ansichten hat diese neue Generation. Mit dem Golde und den Lappen klimpern und rascheln sie in der Tasche und denken, damit allein haben sie schon den Hirsch geschossen. Sie sind klug, o, höllisch gerissen sogar, sie zahlen natürlich nur für den erlegten Hirsch; äh, meinetwegen einen Tausender oder hum, 'nen Blauen fürs Ende. Nun bitte, wo ist der Hirsch? Diese Gemütsmenschen muten den Revierinhabern zu, daß man sie vier Wochen in der Brunft im Revier herumstrolchen läßt, auf die sehr unwahrscheinliche Chance hin, daß sie sich einen oder gar zwei Hirsche errennen, und dann großmütig die zwei Tausender springen lassen. Es soll wirklich Jagdherren geben, die auf solche Bedingungen eingehen. Wer heute überhaupt in einem Revier, in dem es wirklich Brunfthirsche zu schießen gibt, sich die Erlaubnis dazu erwirken will, muß allein für die Chance schon recht erheblich bluten. Denn die Hirsche sind rar geworden auf dieser schnöden Erde!

Ich brauchte damals nicht lange zu suchen, eines schönen Tages meldete sich bei mir ein Baron – na, nennen wir ihn mal Peltern.

Peltern? „Baron" Peltern? dachte ich, Donnerwetter, du bist doch so viel Heraldiker, daß du die freiherrliche Familie derer von Peltern kennen müßtest. Aber soviel ich in meinem Gripskasten stöberte, ich fand sie nicht. Aha! Schließlich ging mir ein Seifensieder auf, auch wieder so einer vom niederen preußischen Adel, der sich absolut „Baron" schimpfen muß. Erstlich klingt es besser, wenn die Domestiken und die Kellner den Baron immer auf der Zunge haben, und zweitens gibt es der ganzen Persönlichkeit doch entschieden mehr Relief. Närrische Käuze, diese Barone von eigenen Gnaden, sie sprießen neuerdings wie Pilze aus der Erde.

Also ich gab mir mit dem Herrn von Peltern ein Rendezvous. Er machte sonst keinen unebenen Eindruck, der blonde Vollbart gab ihm etwas Martialisches, und der Stolz, daß die Hähne seiner

Urahnen zur Zeit Gottfrieds des Beschränkten schon auf demselben Misthaufen gekräht hatten, wie seine eigenen, leuchtete sichtbarlich aus seinen grauen Augen.

Wir wurden bald handelseins, er übernahm ein Drittel der Pachtsumme und wollte rechtzeitig zur Brunft einrücken. Beiderseitig höchst zufrieden, gingen wir wieder auseinander. Mich duldete es bald nicht mehr im Lande. Schon damals waren mir die Verhältnisse hier in der Heimat zu eng geworden, schritt man in seinem Reviere mal eine Stunde geradeaus rüstig fürbaß, bauz stand man an der Grenze und sah hinter jedem Streuhaufen eine Donnerflinte wackeln. Wer jahrelang grenzenlos in Afrika, auf Quadratmeilen-Revieren in Rußland und selbst in Deutschland auf 50000 Morgen gejagt hat, der kann sich in solche Proletarierverhältnisse nicht mehr hineinfinden und stößt und eckt bei jeder passenden und unpassenden Gelegenheit an. Meine Riesenreviere hatte ich verloren, die eigene Klitsche war zum Deibel gegangen, auf kleineren Pachtjagden war stets die Hölle los. Hinz schimpfte, daß man ihm den guten Bock, Kunz, daß man ihm den starken Hirsch, und Kegel gar, daß man ihm die Hasen wegschoß. Die ganze Nachbarschaft klatschte nach Noten, daß einem die Ohren dröhnten; Prozesse wurden einem an den Hals gehängt, daß die Zunft der Rechtsverdreher jubelte, und selbst der grause Staatsanwalt wurde mit vereinten Kräften so lange bearbeitet, bis er alle seine feilen Schergen einem auf die Fersen hetzte. (Ekelhaft, Schluß, raus!)

Ich setzte mich in die Eisenbahn und fuhr unaufhaltsam Tag und Nacht, bis ich am Horizont meine blauen Berge auftauchen sah; Gott sei gelobt, dort wohnte die Ruhe und der Frieden!

Ich bin sonst nicht menschenscheu, aber in meinen Wäldern und Bergen bin ich gern allein, weil ich nur in der Einsamkeit das finden kann, wonach das Herz drängt – Frieden, Ruhe außen und innen. –

10

II.

Mit dem alten Jäger Istvan, den ich wie immer im Dorfe gute vier Stunden vom Revier antraf, hielt ich zunächst Kriegsrat. Ein Unterkommen gab es dort oben in den Bergen nicht, das mußte man sich erst schaffen, so galt es reiflich zu überlegen, was alles mit heraufzunehmen war. Mit Wagen konnte man nur bis an den Fuß der Berge gelangen, von dort mußte dann alles mit Pferden oder auf dem Rücken der Menschen nach oben geschafft werden. Ein Paar Zimmerleute wurden angeworben, desgleichen ein paar Huzulen zum Bäume fällen, ein paar Pferde mit dem nötigen Proviant und meinen Habseligkeiten beladen, und schon ging es ohne weiteren Aufenthalt hinein in den grünen Dom, genau dorthin, wo ich schon bei meiner ersten Anwesenheit eine günstige Stelle für den Blockhausbau ausgesucht hatte.

Die Hauptbedingung ist natürlich gutes und frisches Wasser in nächster Nähe, und das findet man glücklicherweise in den Karpathen überall, in den Tälern sowohl wie oben auf den höchsten Höhen. Ist man ein einigermaßen gewitzter Junge, so macht man sich das Leben bequem, baut das Blockhaus ein paar Meter unterhalb einer Quelle, legt mit ausgehöhlten Bäumen eine Wasserleitung an und hat dann einen nicht zu unterschätzenden Komfort. Jeden Morgen eine frische Dusche treibt den Schlaf aus den Augen, die Faulheit aus den Gliedern und macht die Knochen gelenkig.

Im übrigen ziehe ich es vor, meine Blockhäuser oben auf den Bergen zu bauen. Ich schätze es gar nicht, mich in die Täler zu verkriechen, wo ich nichts sehen und hören kann, als bloß das blöde Gemurmel des Baches, das allerdings Poeten und jungen Mädeln alles mögliche zuraunen soll. Nein, ich muß auf den Höhen thronen, dem blauen Himmel, den wandernden Wolken, den blitzenden Sternen nahe; ich will in meinem Revier jeden Hirsch auf eine Meile in der Runde orgeln, jeden jagenden Köter blaffen, jeden Schuß aus einer Wilddiebskartaune knallen hören. Die Welt mit ihrem Mist, ihrem Stöhnen und Gekläff und die Menschen mit ihren Sorgen müssen zu meinen Füßen liegen. Meine Lungen wollen Höhenluft atmen, meine Augen wollen Wald und Berge sehen und sich satt trinken an der Schönheit des Sonnen-Auf- und Unterganges, mit meinen Armen will ich Welten umspannen können. Heulend sollen die Äquinoktialstürme an meinen Türen rütteln und knirschend das Weite suchen, während ich behaglich schmunzelnd trockene Fichtenscheite im Ofen prasseln lasse. Wie die Horste des Adlers oder wie alte Ritterburgen kleben meine Hütten hoch oben auf den höchsten Kuppen der Berge, und schon mancher meiner Freunde, die mich zu fröhlichem Weidwerk besuchten, hat Ströme bitteren Ärgers über mich ergossen: „Himmel, Hölle und Teufel! Die Kraxelei abends nach der Pirsch hier wieder herauf ist ja entsetzlich!"

Ja, kraxeln muß man können, für bequeme Fettwänste ist in den Karpathen nicht viel zu holen.

Zu unserem Blockhausbau hatten wir glücklicherweise ein paar blendend schöne Tage getroffen, so ging die Arbeit flugs vonstatten. Die Holzfäller schlugen in nächster Nähe geeignete alte Fichten herunter, der Jäger schleifte sie mit dem einen Pferd heran, und die Zimmerleute mußten sie sofort bearbeiten, d.h. nur passend machen und schälen, denn die Stämme bleiben einfach rund und werden nicht behauen. Ein anderer machte die Fenster und Türen, ein dritter holte Moos zum Verstopfen der Risse oder verfertigte Schindeln, und ich sah dem ganzen Treiben zu, eine Arbeit, die ich stundenlang aushalten kann, wenn nur der Tabak dabei nicht ausgeht. In acht Tagen war der Rohbau fertig, wenige Tage später die Inneneinrichtung, Wasserleitung und die Säuberung des Vorgeländes. Einen kleinen, eisernen Herd zum Braten, Kochen und Heizen hatte ich schon mitgebracht, das nötige Geschirr auch, reichliche Lebensmittel zur Behaglichkeit des Daseins mangelten schon gar nicht, nun fing das Leben wieder an gemütlich zu werden.

Das Blockhaus war sehr einfach, viermal 4 m der Raum, in dem ich hauste, zweieinhalbmal 4 m die Küche und zugleich Jägerstube. In ihr hatte Istvan einen Ofen aus Ziegelsteinen gebaut, der

Umzug vom Blockhaus Hubertus nach Blockhaus Waldtraut

Huzulen-Hirten-Hütte

sehr gut funktionierte. Einige Worte über die Einrichtung will ich auch folgen lassen, mancher, der sich ein eigenes Blockhaus bauen muß, kann vielleicht davon profitieren.

Zunächst lasse ich zwei Leute acht bis zehn Tage unausgesetzt Brennholz machen, das staple ich zum Teil in der Küche, zum Teil im Zimmer, zum Teil auf dem vorderen Gang hoch auf, und der Rest wird durch die Luke auf den Boden geworfen; ein großer Posten Kienspäne wird auch ins Depot gebracht. Erstlich trocknet das Holz gut aus, sodann habe ich ein für allemal genügend Vorrat für Monate und komme nicht in Verlegenheit, wenn ich allein bin, selbst Holz hacken zu müssen, und schließlich störe ich mir nachher in der Brunftzeit nicht durch unnütze tägliche Holzhackerei das ganze Wild aus der Gegend.

Die Wasserleitung erwähnte ich schon; sie geht in einer Holzrinne am Hause entlang, ein durch einen Schieber verschließbares Rohr geht in die Küche, ein ebensolches in das Zimmer, sie führt schließlich von oben in den Küchenabguß und spült somit gleich allen Unrat den Berg herunter.

Das Inventar ist recht einfach. Wenn möglich muß sowohl in der Küche wie im Zimmer ein kleiner eiserner Ofen stehen, der zugleich heizt, kocht und bratet. Haust man zu mehreren in der Hütte, Jagdgäste sowohl wie Jäger, dann ist es unpraktisch, für alle auf einem Ofen zu kochen. Mögen sich die Herren ihr Essen allein machen und die Jäger auch. Andere mögen anders darüber denken, ich koche aber selbst mit größter Passion, und zwar nicht schlecht; daß ich mir diesen Spaß nicht nehmen lassen möchte, ist also verständlich. Was die Jäger zusammenschmurgeln, ist gewöhnlich alle Tage dasselbe und in den seltensten Fällen genießbar.

Über dem Ofen habe ich ein Küchenbrett angebracht, darunter hängen die nötigsten Kochtöpfe, dicht dabei steht der Küchentisch, so daß man alles handgerecht hat und beim Kochen nicht immer hin- und herrasen muß. Ein Arbeitstisch, ein Eßtisch vervollständigen die Einrichtung. Dito ein paar einfache Bänke und Stühle, natürlich selbst gezimmert. An den Wänden stehen drei

14

Pritschen mit Strohsäcken darauf. Werden sie nicht gebraucht, wirft man die Strohsäcke übereinander unter die eine Pritsche, schiebt die Böcke zusammen und legt die Bretter oben drauf; so nehmen sie wenig Platz weg und bilden eine bequeme Gelegenheit, alles mögliche darauf zu stellen. Ich schlafe nur im Notfall auf der Pritsche, weil ich ein leichtes transportables Feldbett immer mit mir herumschleppe. Es nimmt wenig Platz weg und man schläft noch einmal so gut.

Ringsherum an den Wänden sind zwei oder drei Wandbretter angebracht, dazwischen überall Nägel eingeschlagen, wo man all sein Hab und Gut anhängen und drauflegen kann. Im Blockhaus Alleinherrscher zu sein, ist entschieden das angenehmste, niemand hat einem etwas dreinzureden, und man kann alles machen wie man will.

Hat man aber Gäste, unter denen sich sicher auch ein Lieder-jahn befinden wird, so muß das Gemach, will man nur einigerma-ßen Ordnung und seinen Seelenfrieden haben, gleichmäßig geteilt werden. Jeder bekommt seine Wand, seine Ecke, seine Haken und Nägel und seine Wandbretter. Dort hat er seinen Krimskrams zu-sammenzuhalten und nicht über die ganze Stube zu zerstreuen. Ein für allemal wird von mir bei gemeinschaftlichem Hausen erklärt: „Alle fremden Sachen, die ich auf meinen Brettern, Haken oder Nägeln finde, werfe ich zum Fenster hinaus!" Und dieser Schwur wird streng gehalten, sei es, was es sei, es fliegt hinaus. Ist das nur einmal eine fremde Zigarren- oder Zigarettentasche oder die Schreibmappe mit vielen Briefen und Papieren darin gewesen, so ist der Besitzer geheilt und nimmt sich in acht.

Viel Luxus und Komfort kann man ja im Blockhaus nicht trei-ben, aber ich huldige dem Grundsatz, man muß mitnehmen, was mitzunehmen ist. Vier Wochen von Schwarzbrot und Speck zu le-ben, liest sich ja sehr forsch, aber das kann man zu Hause billiger haben. Ich lebe in meinem Blockhause mindestens ebensogut wie zu Hause, ohne daß es erhebliche Unkosten macht. Und wenn ich noch so abgelegen und einsam in den Bergen sitze, stunden- und meilenweit vom nächsten Dorf, Tagereisen von der nächsten Stadt entfernt, was schadet das, es kostet mich nur einen Mann, etwa 5 Kronen*) den Tag, und ein Pferd, das ich vorher für ganze 150−200 Kronen gekauft habe; die vermitteln meine Proviantzufuhr, wobei es mir gleichgültig ist, ob sie die Tour in einem oder in drei Tagen schaffen. In den Mantelsäcken auf dem Pferd kann man bequem 50−100 kg verstauen, ist die erwartete Zufuhr noch größer, schickt man einfach zwei Pferde herunter. In der Hauptsache wird es sich um Fleisch, Brot, Butter, Milch, Eier, Gemüse, Wein, rauchbares Kraut, Kolonialwaren, Petroleum und um die Post handeln. Alles andere hat man bereits vor Beginn der Reise in der Heimat oder im Lande in der letzten größeren Stadt (um Fracht und Zoll zu sparen) zur Genüge eingekauft und nach und nach ins Blockhaus bringen lassen. So ausgerüstet kann man sich dort oben getrost einschneien lassen und überwintern, so leicht wird man keinen Mangel leiden. Zum Schluß möchte ich noch eins nicht zu erwähnen vergessen. In Österreich-Ungarn sind die ehrlichen Menschen noch spärlicher gesät als in Deutschland; will man sich also vor Gaunereien seiner Leute schützen, so vereinbare man vorher mit den Krämern, die man mit seinen Aufträgen beglücken will, die Preise, lasse sich von jedem ein Buch ausstellen, in das man seine Wünsche jedesmal einträgt und schärfe ihnen eindringlichst ein, daß man alle vierzehn Tage bezahlen werde, aber nur das, was durch das Buch bestellt und auch geliefert sei. Bei dem Postvorsteher hinterlege man je nachdem 10−20 Kronen, damit er die Postsachen, die man hinunterschickt, selbst frankiert. Besorgte man dies leichtsinnigerweise bereits oben im Blockhaus, so soll man sich nicht wundern, wenn die Huzulen, Ruthenen oder dgl. die Marken für sich abtrennen und die Briefe in die Büsche werfen. Das ist mir alles passiert, ich bin durch Schaden klug geworden.

---

*) Es handelt sich im folgenden immer um Vorkriegszeitpreise.

III.

Ich hatte damals in meiner Heimat meinen alten braven Jäger Juchtenstiebel, jenes urwüchsige Original, von dem in meinen früheren Büchern wiederholt die Rede ist, trauernd zurückgelassen, und er hatte mir beim Abschied händeringend auf die Seele gebunden: „Jnädiger Herr, wenn Se mir dort drieben jebrauchen können, denn schicken Se schon bloß een Telejramm, un ick bin uff der Stelle da. Ick weeß ja jar nich, wat ick hier alleene anfangen soll."

Diese Worte fielen mir wieder ein, als ich eines Abends so ganz solo in meinem Blockhause saß und vor mich hin spintisierte. Mit dem ollen ehrlichen Istvan war nicht viel los und auch nicht viel Staat zu machen; verständigen konnte man sich auch sehr schwer mit ihm, er sprach zwar alle möglichen slawischen Sprachen, mit dem Deutschen aber haperte es bedenklich. Dann mußte er alle naselang vier Stunden durch den Wald nach seiner Villa laufen, wo die liebende Gattin allein mit dem Vieh, dem Acker und den Wiesen nicht fertig wurde. Jäger war er eigentlich bloß in seiner Nebenbeschäftigung und vom Grafen wohl nur deshalb als solcher bestellt, damit nicht eines schönen Tages einfach ein unternehmungslustiger Mann daran ging, ihm den ganzen Wald abzuhacken und zu verkaufen. Solcher Fälle vermeldet die Historie aus Ungarn so manche.

„Deubel ja," dachte ich, „den guten Juchtenstiebel müßtest du dir eigentlich kommen lassen, die treue Seele wäre hier zu brauchen." Er war so recht ein Mädchen für alles, eine männliche Perle, wie sie in der heutigen Zeit, wo die Domestiken, alias Dienstboten, immer schlechter werden, kaum noch zu finden sind. Als Jäger durch und durch hirsch- und fährtengerecht, vorzüglicher Büchsen- und Flintenschütze, ein treuer, zuverlässiger Heger und als Mensch zu jeder Arbeit zu gebrauchen, für nichts zu fein. Er hackte Holz, putzte mir die Pferde, spannte den Wagen an, holte für die Anna, mein weibliches Faktotum, Wasser, besorgte die Hunde, kratzte Pirschsteige, baute Kanzeln, legte Salzlecken an, und schließlich als Leibjäger suchte er auch seinesgleichen; nie sind meine Gewehre so rostfrei und meine Jagdstiefel so gut geschmiert gewesen, wie unter seinem Regime; keiner meiner Livreediener hat beim Servieren so wenig Geschirr zerbrochen, wie er, selbst seine Kochkünste erhoben sich über den gewöhnlichen Durchschnitt. Gerade jetzt könnte ich für mein neues Jagdparadies in der Marmaros von 50000 Morgen eine derartige Perle brauchen. Wer mir eine nachweisen kann, mag sich gern dafür im nächsten Frühjahr dort ein paar Auerhähne holen.

Eine salzige Zähre rinnt mir in den Bart, wenn ich heute seiner denke; nun stiebelt er auch bereits geraume Zeit in den ewigen Jagdgründen herum, und wenn auch meine Zeit gekommen und ich mich dort einfinden muß, wird er mir wohl bereits ein halbes Dutzend kapitaler Himmelshirsche bestätigt und ein paar Engelein zum Drücken der Höllendickungen abgerichtet haben.

Gott hab' ihn selig! Damals lebte er aber noch, und ich ließ ihn mir schleunigst kommen. Zum Greifen deutlich sehe ich ihn vor mir, wenn ich die Augen schließe, wie er damals oben auf dem Blockhaus zur Meldung schweißtriefend das erstemal mein Zimmer betrat:

„Is die Mechlichkeit, jnädiger Herr, det's sone Berje jibt! Det hätt' ick, hol's der Kientopp, in mein janzes Leben nich jejlobt! Uff, mich pluddert der Schweeß man so de Beene runter. Aberst det is jesund, da kann man sich det Feist mal von de Knochen loofen. Ibrigens, wat ick sagen wollte, sechs Hirsche jrober Klasse habe ick schon jespürt und eenen Bären. 'n Bär muß 's schonst sind, denn die Spur war mich unbekannt. Det Revier is jar nicht iebel, lassen Se man jut sind, jnädiger Herr, in een Wochener sechse haben mer det jröbste jeschafft, zehn Galizier habe ick mir schon für morjen früh hier ruff bestellt."

Ich lächelte: „Na, Juchtenstiebel, soll's gleich losgehen mit den Pirschsteigen; wollen Sie nicht erst mal einen Tag ausruhen und sich von Istvan die Grenzen zeigen lassen; wie haben Sie denn die Galizier gekriegt?"

„Ausruhen is nich," meinte jener verächtlich, „und der Istvan, dieses Walroß, hat ja keene Ahnung nich von'ner jebildeten deutschen Sprache, der soll man seiner ollen Karline die Kiehe melken helfen. Die Kerls habe ick beim Krämer, der da den Kramladen hat, jekriegt; ,Krämer', hab' ick zu ihm jesagt, ,wenn du mich nich in eener Stunde zehn Kerls mit Axt, Säge und Hacken schaffst, uff mindestens sechs Wochen, hol' dich der Deibel, für keenen Kreuzer koofen wir von dich verdammtijes Zwiebeljewächs die nächsten sechs Jahre!' Da hätten Se mal sehen sollen, jnädiger Herr, wie det Männchen jesprungen is, na un in eener Stunde waren die Kerls zur Stelle."

Ich habe mit meinem Faktotum den ganzen Abend verplaudert und ihn in die neuen Verhältnisse eingeweiht. Schweigend saß er vor mir mit gesenktem Haupt, die Stirn voller Falten, die geliebte Pfeife qualmend zwischen den Lippen und hörte aufmerksam zu. Erst als ich von den Raubschützen anfing, hob er einmal den buschigen Kopf, sah mich mit einem langen Blicke an, nahm die Pfeife aus dem Munde und spuckte in die Ecke. Dann qualmte er wieder unbekümmert weiter.

Am nächsten Morgen begann die Einrichtung des Reviers, von der in Ungarn Erfolg oder Mißerfolg zum großen Teil abhängt. Es handelte sich in der Hauptsache um Fichtenurwald mit vielen Schlägen und fürchterlichen Wind- und Schneebrüchen. Was das Pirschsteigmachen heißt, davon kann sich der normale deutsche Jäger gar keinen Begriff machen. Bei uns nimmt man im Fichtenwald Rechen und Besen und kratzt einen Steig fast so schnell wie man geht. Rechen und Besen sind in Ungarn überflüssig, und auch die Hacke hat nicht viel zu sagen; nein, mit Axt und Beil und Säge muß man sich Schritt für Schritt vorwärts würgen und kämpfen, und wenn diese Galizier, Ruthenen, Huzulen usw. nicht die geborenen Holzarbeiter wären, würde man Ewigkeiten brauchen, um die erforderlichen 50 oder 100 km Pirschsteige fertigzustellen. Man muß gesehen haben, wie diese Kerls die Äxte schwingen, daß die Splitter nur so fliegen, und schon nach wenigen gewaltigen Schlägen der Baum krachend zusammenprasselt. Man kann verstehen, daß diese Kerls, wenigstens die Raubschützen unter ihnen, dem angeschossenen Bären auf der Schweißfährte nur mit der Axt in der Faust folgen, auf diese können sie sich mehr verlassen, als auf ihre Schießprügel, und so blitzschnell wie der Bär auch anzunehmen pflegt, ebenso schnell schmettert ihm aber auch der Huzule die haarscharfe Axt auf den Schädel.

So bestand unser Pirschsteigmachen eigentlich nur darin, alles im Wege stehende, liegende und hängende Holz abzuhacken und beiseite zu räumen und vorn und hinten die Bäume anzulaschen, daß man den Steig auch im Dunkeln fand. Erdarbeit mit der Hacke wurde nur so viel getan, um das gröbste Zeug wegzuschaffen; auf ein sorgfältiges Steighacken ließen wir uns zunächst gar nicht ein. Im Sommer wird ja doch fast überall auch im Walde geweidet, das Vieh findet die freigemachten Steige sehr bald heraus und läuft mit Vorliebe darauf entlang, ebenso übrigens auch das Rotwild. Beides trägt viel zur Verbesserung bei; da die Steige ferner jedes Jahr geprüft und nachgearbeitet werden, kann man darauf rechnen, daß sie im dritten Jahr einwandfrei sind. Viel bequemer hat man dieselbe Arbeit im Buchenurwald; das bißchen Laub wegkratzen ist ja nur ein Kinderspiel, hier schaffen Rechen und Hacke fast allein Ordnung.

Stets wenn die ganze Gesellschaft am frühen Morgen zur Arbeit ausrückte, hatten einige von ihnen ein paar 5–10 kg schwere Steinsalzstücke im Rucksack; Juchtenstiebel hielt streng darauf, daß auf jedem Schlag, an jeder Suhle, jeder ihm einigermaßen günstig und geeignet scheinenden Stelle sofort provisorische Salzlecken angelegt wurden. Nie in seinem Leben hat er vergessen können, wie in unserer alten Rossower Heide seligen Angedenkens meine Salzlecken angenommen wurden und wie hervorragend sie auf den Wildstand wirkten. „Lassen Sie man jut sind," meinte er bedächtig, „unsere richtigen Lecken, ‚Wilder Jäger‘, die mache ick später, wenn wir erst mit die Steige fertig sind, janz alleene. Sorjen Se man davor, daß wir Tonkasten bekommen, juten Lehm weeß ick schonst, und denn nehme ick eenfach en Pferd und lade so viel druff, wie et schleppen kann, un in kleene vierzehn Tage habe ick det janze Revier versorjt."

Die provisorischen Lecken wurden derart angelegt, daß wir die Stücke Steinsalz in hohle Stubben schlugen oder in glatte Stämme, die mit der Säge oben abgeschnitten und entrindet waren, einklemmten. Die Feuchtigkeit der Luft zehrt an dem Salz, es durchtränkt die Stubben, läuft an dem Stamm herunter, netzt den Boden, und diese Stellen werden mit Sicherheit vom Hochwild gefunden. Natürlich kann es sein Salzbedürfnis an ihnen nicht stillen, Steinsalz – da können die Gelehrten reden, was sie wollen – wird immer nur ein Notbehelf sein; das Wild kann wohl daran lecken, es bekommt aber lange nicht so viel ab, wie es haben möchte. Ein weiterer Nachteil dieser Lecken ist, daß sie das Wetter sehr schnell wegfrißt; nach einer langen Regenperiode, einem feuchten Winter sind sämtliche Steinsalzlecken verschwunden. Schließlich schleppt sie auch jedes im Walde zufällig daraufstoßende Menschenkind fort in die heimische Vieh- oder Pferdekrippe. Immerhin ist es besser als nichts, und ich bin der letzte, der von dieser Anlage abrät.

Die weichen Lehmlecken, in starkwandigen Tontrögen, wie ich sie seit beinahe zwanzig Jahren in meinen Revieren anlege, sind unter allen Umständen vorzuziehen. Kein Mensch kann so ein Ding wegschleppen, wiegen sie doch etwa einen halben Zentner. Der reichlich mit Salz und Vegetabilien durchtränkte Lehm bleibt stets weich, das Rotwild und die Rehe „fressen" ihn beinahe wie aus einer Krippe. Ich habe Feisthirsche viertelstundenlang an solchen Lecken beobachtet und mit stiller Freude zugesehen, wie sie sich delektierten; daß sie ihr Salzbedürfnis gestillt hatten, wenn sie schließlich abzogen, darüber war kein Zweifel. –

Das Pirschsteigearbeiten dauerte länger, als wir glaubten. Dreißigtausend Morgen Grundfläche, ohne Berge gerechnet, ist ein riesiger Komplex; es dauert Wochen und kostet Geld, und zwar nicht zu knapp, ehe er bewältigt ist. Da ich ja keine Ahnung hatte und auch von Istvan nicht genügend erfahren konnte, wo die besten Brunftplätze, die Hauptgräben, in denen sich der Zauber abspielen würde, gelegen waren, mußte ich systematisch vom Blockhaus aus einen Bergrücken nach dem anderen vornehmen. Im großen und ganzen war es mein Grundsatz, auf zwei Drittel Höhe der Hänge den Pirschsteig möglichst geradeaus ohne Steigung und Senkung, jeder Einbuchtung folgend, um den ganzen Berg herum zu führen. Am Tage zieht der Wind in den Bergen meist von unten nach oben, so hat man, auf den Steigen pirschend, fast immer guten, mindestens aber halben Wind. Befindet man sich ferner auf zwei Drittel der Höhe, so kommt man, röhrt der Hirsch über einem, das letzte Drittel immer noch schnell genug herauf, was kaum der Fall ist, wenn man weiter unten wandelt. Oben auf dem Grat der Berge, sofern dort keine Almen sind, mußte auch ein Steig gemacht werden und von diesem wieder Verbindungsgänge nach rechts und links unten, wo die Hauptsteige den Hang entlang liefen. Senkungen und Steigungen waren, wie gesagt, möglichst verpönt, Ausnahmen ließ ich nur zu, wenn in der Nähe eine Suhle war, diese mußte vom Pirschsteig aus natürlich eingesehen werden können, ebenfalls die Salzlecken.

IV.

Nach zwei Monaten schwerer Arbeit konnten wir uns endlich beruhigt sagen: „Die Hauptsache ist getan, für die erste Brunft ist das Revier notdürftig eingerichtet." Nunmehr konnte der Zauber losgehen, wir waren gewappnet. Inzwischen war auch der September ins Land gekommen, die Nächte wurden kalt, morgens lag manchmal Reif auf den Almen, in den Tälern brauten die Nebel, Hirten und Vieh verließen ihre Weideplätze und zogen heim in die Dörfer. Wir jagten unsere Galizier ebenfalls herunter, und ungestörte Ruhe herrschte bald in meinen Jagdgefilden.

Viehhüten und Pirschsteighacken stört natürlich den Wildstand und vergrämt manchen Hirsch, aber es ist lange nicht so schlimm, wie es manchmal gemacht wird. Auch die Redensart, die ganz kluge und ausgekochte Jäger mit Vorliebe im Munde führen, man müßte so wenig wie möglich im Revier herumrennen, bevor die Hirsche nicht röhren, um sie nicht zu vergrämen, ist nicht immer richtig. Wenn das Revier bloß einen Steinwurf breit und lang ist, mag es zutreffen, bei einem großen Karpathenrevier aber niemals. Dort tritt der Hirsch, wenn er gestört wird, von einem Graben über den Hang in den nächsten Graben und bleibt dort stehen, bis er nach zwei, drei Tagen wieder zurückkommt. Rotwild zu vergrämen aus einem Revier, das ihm zusagt, ist überhaupt nicht so leicht. Man muß schon furchtbar emsig lappen und alles totschießen, um das zu erreichen, aber nach sechs Monaten Ruhe sind die Reste auch wieder da. Einem Karpathenhirsch seinen Graben zu verleiden, in dem er zu Hause ist und sich wohlfühlt, ist beinahe ein Ding der Unmöglichkeit. Ich wußte mal von einem Sechzehnender mit ganz enorm starkem Geweih. Die Vierzehnender-Abwurfstangen fand der Jäger in seinem Graben, ich besitze sie noch heute. Seine Fährte war unverkennbar, die linke Schale des linken Vorderlaufs war bedeutend kürzer als die rechte, die Fährtenbreite nota bene $10^{1}/_{2}$ cm. In der Feistzeit habe ich seinen Graben so rastlos unsicher gemacht, daß ich mich selber beinah schämte; aber ich bekam ihn nicht. In der Brunft war er fort aus seinem Graben; wo er geschrien hat, weiß ich nicht. Es schrien so viele Hirsche, und mein Revier war so riesig, daß ich beim besten Willen nicht alle vornehmen konnte, und an der Jägerei hatte ich keine Hilfe. Nach der Brunft am 7. Oktober steckte er wieder in seinem Graben. Ich ließ ihn von zwei Jägern drücken, aber der Hirsch ging anstatt hinauf, hinunter und über die Grenze. Am 9. Oktober war großer Radau in seinem Graben, zwei Hirtenhunde hetzten dort ganz lustig, daß ich wie von der Tarantel gebissen aus meinem Blockhaus fuhr. Die Hetz ging in dem Graben hin und her, etwa drei Stunden lang; so große Mühe ich mir auch gab, ich konnte die Köter nicht erwischen. In Schweiß gebadet, saß ich endlich auf einem Felsen, gab das Rennen auf, stärkte mich durch einen Schluck und steckte mir eine Zigarette an. Da sah ich drüben auf dem andern Hang etwas ziehen und als ich mein Glas zu Rate zog, was war es? – Mein Sechzehnender! In voller Gemütsruhe trat er über den Berg nach der anderen Seite. Ich merkte mir die Stelle und spürte sie am nächsten Morgen ab. Ich fand seine charakteristische Fährte, konnte aber auch gleichzeitig feststellen, daß er bereits in derselben Nacht in seinen Graben zurückgewechselt war. Nun dachte ich es ganz schlau zu machen, bestellte mir den Jäger mit seinen zwei Bracken und ließ den Graben am anderen Tage brackieren; wo ich gestanden habe, brauche ich wohl nicht zu sagen. Seinen Wechsel an der Grenze hatte ich notdürftig mit bunten und weißen Zeugfetzen verlappen lassen. Diese Jagd dauerte vier Stunden, von morgens um neun bis mittags um eins, und ging immer in der Runde herum. Dann holte mich der Jäger und erzählte, daß sich der Hirsch vor den Hunden stelle, ich brauche bloß heranzugehen, um ihn totzuschießen; das tat ich denn auch, doch bis zum Totschießen kam es nicht, denn der Hirsch wechselte genau dort über den Berg, wo ich vier Stunden gestanden hatte. –

Da ging ich in mich, ließ den Hirsch zufrieden und reiste nach ein paar Tagen ab. Beim Absteigen durch seinen Graben stolperte ich zum letztenmal über seine kapitale Fährte, selbst dieser letzte Gewaltcoup hatte ihn nicht vergrämt. Nein, nein, so ängstlich ist's damit nicht, und bange machen gilt nicht, bedenklich ist es nur dort, wo das Revier bloß so groß wie ein Spucknapf ist. Ich habe Weidereviere in den Karpathen gefunden, wo 10 000 Stück Rindvieh, 30 000 Schafe und an 500 Hunde sich monatelang tummelten. Da ästen die braven Hirsche mitunter mitten zwischen dem Rindvieh, und um einen Vierzehnender zu schießen, mußte ich mich nachmittags auf einer Alm in eine weidende Herde setzen. Glücklicherweise kam er dann aber nicht, ich hätte ja allen Respekt vor den Karpathenhirschen verloren. Kaum war dort, Mitte September, das Vieh von den Almen heruntergetrieben, röhrten die Hirsche aus vollem Halse in allen Gräben, nur da, wo die Schafherden bis zuletzt geweidet hatten, blieb es stumm. Diese Bestien rupften nicht nur das letzte Blatt, den letzten Grashalm bis auf die Wurzel ab, sie verstänkerten und verpesteten auch mit ihrem spezifischen Odeur und Mist die ganze Gegend auf mindestens zwei Monate; sie halte man sich, so gut man kann, vom Leibe, zum mindesten aber fern von den bekannt guten Brunftplätzen.

Zwei Monate war ich nun im Revier; außer ein paar Rehböcken und einigen Haselhühnern für die Küche hatte ich noch nichts geschossen und – in der ganzen Zeit auch nicht einen einzigen Hirsch und nicht einmal ein Stück Kahlwild zu Gesicht bekommen. Meinem Juchtenstiebel ging es ähnlich; mehr als einmal hatte er ganz verärgert geflucht: „Da soll der Deibel jerne Jäjer sind. Nun loofe ick schonst jeschlagene zwee Monate ins Revier herum und hab noch nich en rotes Haar jesehen. Wenn ick nich alle Tage frische Fährten fände, würde ick jar nich jlooben, dat es hier Hirsche jibt. Uff die Brunft bin ick gespannt wie 'n Flitzbojen."

„Ja", lachte ich, „mein Lieber, an Rotwild satt gesehen muß man sich schon haben, wenn man in die Karpathen kommt. So vertrauensduselig wie in deutschen Wäldern bummelt es hier im Urwald nicht herum, und es hat gar kein Interesse daran, sich von neugierigen Menschen auflauern zu lassen, die starken Hirsche am allerwenigsten. Dann müssen Sie auch bedenken, daß der Bestand in dem riesigen Revier an sich nicht sehr zahlreich ist und die Hirsche, weil feist, schon ganz und gar heimlich sind. Kahlwild gibt es hier nun auch nicht viel mehr als Hirsche, und die alten Tiere mit ihren unerfahrenen Kälbern stecken jetzt ebenfalls dort, wo es am ruhigsten und am dicksten ist, ich bin es daher hier in Ungarn schon gewohnt, selbst in guten Revieren bis zur Brunft wenig Hochwild sehen und beobachten zu können. Na und dann, wenn die hohe Zeit beginnt, wenn überall in den Tälern und an den Hängen gewaltiges Orgeln erschallt, ja dann weiß man wohl, daß Hirsche da sind, man hört sie ja, aber zu Gesicht bekommen Sie meist auch nicht viel mehr, höchstens hier und da mal ein abspringendes Stück oder einen rotgrauen Schimmer im dicksten Dickicht; und was das für ein Grobian ist, der so trotzig orgelt, das wissen Sie meist erst dann, wenn er verendet vor Ihnen auf der Strecke liegt."

Juchtenstiebel nickte bekümmert: „Ja, ja, det habe ick ooch schon jemorken, anders ist's hier schonst als daheem. 's jeht alles viel rauher zu, und mit det Spintisieren und det Kieken ins Jlas, ob er ooch jut jenug is, wird man hier allemal det Nachsehen haben.

Aberst es müssen hier balbarische Bengels rumloofen, Fährten bis zu 11 cm Breite habe ick jefunden und Fejestellen, Deibel ja, mit'n ausjestreckten Arm kann ick nich rufflangen."

„Die Stellen merken Sie sich nur. Wenn der Baron kommt und Sie ihn führen, müssen Sie ihm das alles natürlich zeigen."

Juchtenstiebel schnappte ein und trat einen Schritt näher: „Wer kimmt, wen muß ick führen?"

„Na der Baron Peltern," sagte ich gleichmütig, „habe ich Ihnen noch nichts davon erzählt? Der soll doch hier auch ein paar Hirsche schießen."

Baron Peltern, Baron?" meinte Juchtenstiebel mißtrauisch. „Mit die Barone habe ick nich viel vor, ick habe allemal noch jenung von dem Baron Coppenheim! Versteht er wenigstens wat von's Handwerk?"

Ich zuckte die Achseln: „Keine Ahnung; aber das werden wir ja bald merken, übermorgen kommt er. Istvan hat mirs Telegramm heraufgeschickt und will ihn von der Bahn abholen und selbst herbringen."

„Alle juten Jeister!" seufzte mein Faktotum. „Det war nu so urjemütlich hier, und ick dachte, wir würden uns die Hirsche alleene vornehmen, un nu kommt uff eenmal wieder so eener mit een riesengroßet Maul wahrscheinlich und keen Hirschenverstand dahinter. Na, mich soll's recht sind. Man immer zu!"

„Lassen Sie nur gut sein, Juchtenstiebel," tröstete ich ihn, „entweder versteht er was, dann ist's gut und Sie haben auch Ihren Spaß; oder er versteht nichts, dann haben wir noch mehr Spaß, das wissen Sie doch noch von Rossow her, also Spaß gibt's auf alle Fälle, so oder so; und wenn hier ein bißchen anderer Geist in die Bude kommt, ist's auch ganz gut, wir beide sprechen ja manchmal drei Tage lang kein Wort. Also morgen müssen Sie mit den Pferden runter und reichlich Proviant einholen. Wenn die Hirsche erst anfangen zu röhren, können Sie nicht mehr abkommen, dann müssen wir immer den Ruthenen schicken."

Juchtenstiebel schob verärgert in seine Küche und rumorte barbarisch nebenan mit seinen paar Kochgeschirren herum; er hatte bei mir schon zu oft, zu viel und zu minderwertige Jäger auf Brunft-hirsche geführt und bekam deshalb jedesmal einen heiligen Schreck, wenn wieder eine neue unbekannte Größe anrückte. Im Geiste sah ich sie alle schwerbewaffnet vorüberziehen, mit denen er seinen Ärger hatte. Den Baron Coppenheim, den Dreikäsehoch, mit der krummen Nase und den Plattfüßen! Einmal rannte er hinter einem Kronenhirsch her, stolperte über eine Wurzel und fiel auf sein Riechorgan, während die gestochene und ungesicherte Kartaune natürlich losballerte. Ein andermal fuhr er einen Vier-zehnender, der dösig bei seinem Mutterwild stand, im Wagen an, stieg hinter einem Wachholderbusch ab und ließ die Büchse im Wagen stehen. Ein drittes Mal schoß er anstatt des röhrenden Hir-sches ein danebenstehendes Schmaltier, und das alles in einer Brunft. Keinen einzigen Hirsch brachte er zur Strecke, während ein auch nur minderwertiger Jäger mindestens sechs bis acht Kro-nenhirsche erbeutet hätte. Ja, der selige Coppenheim, das war wohl der schlimmste! Dann die Nuß! Der Mann war so taub, daß wir ihm jedes Wort in die Ohren brüllen mußten; was das in der Hirschbrunft heißt, bedarf weiter keines Kommentars. Und dann noch viele, viele andere.

Ein guter Jäger war für Juchtenstiebel allemal ein Lichtblick ge-wesen. Mit einem solchen zog er aber auch liebend gern ins Revier, und dann war er voll und ganz bei der Sache. Hirschmann z.B., das war sein Fall gewesen. Mit dem brachte er in knapp acht Ta-gen vier gute Geweihträger an, so daß ich stoppen mußte, sonst hätten sie mir das ganze, ihnen zur Verfügung gestellte Revier leer geschossen.

Natürlich wurmte ihn nun die Ungewißheit, wes Geistes Kind der ihm avisierte Baron wohl sein würde, und wenn ich der Wahr-heit die Ehre geben soll, mir ging's ebenso. Bei unserer flüchtigen Beschnupperung damals in Berlin hatten wir keine großen Men-schenstudien machen können, und mir ist es natürlich auch sehr wichtig, wenn ich während der Brunftzeit, der für mich höchsten Zeit des Jahres, mit einem Fremdling zusammenhausen muß, daß dieser wenigstens sympathisch, umgänglich und kein Spielverderber ist; entpuppt er sich obendrein noch als Jäger von Klasse, so bin ich ganz besonders froh. Jagdknitschig bin ich nie gewesen, und wenn man, wie in so einem großen Karpathenrevier, schon aus dem vollen schöpfen kann, dann gönne ich meinem Partner neidlos jedes Weidmannsheil. Oft hat man das Gegenteil von mir behauptet und gesagt: Das ist alles ganz schön und gut, aber warum hat denn der und der und jener bei Ihnen nichts geschossen, während Sie allemal mit einem Coupé voll Trophäen nach Hause reisten? Meine Antwort war stets dieselbe: Entweder verstand der Mann nichts vom Geschäft oder er wollte nicht auf mich hören, wußte alles besser und ging seine eigenen Wege, oder schließlich er fing an zu schimpfen, es wäre nichts los, ein Reinfall wäre es, Hirsche wären überhaupt nicht da. Na gut, dann habe ich ihn seinem Schicksal überlassen, bin meiner Wege gegangen und habe ihm gezeigt, daß doch Hirsche da waren.

Mochten auch die Leute nachher schimpfen, es war mir ziemlich schnuppe. Ich ärgere mich nicht über jede Stänkerei, jede üble Nachrede mißgünstiger Dilettanten.

V.

Der große Tag der Ankunft Pelterns war angebrochen, und in der Nacht vorher hatte ich in weiter Ferne drüben auf der galizischen Seite den ersten tiefen Brunftschrei des Jahres gehört. Ich hatte die Hütte festlich geschmückt, großes Reinemachen abgehalten, unser Gemach kundig und sachgemäß geteilt, ein kostbares Diner auf dem Herde schmurgeln, kurz, für den Empfang alles aufs köstlichste vorbereitet; nun nahm ich noch schnell die Post vom letzten Tage, die mir Juchtenstiebel mit dem Proviant gebracht hatte, und erledigte die wichtigsten Sachen. Den Lieben daheim wurde ein langer Brief geschrieben, die Bank angewiesen, Hypothekenzinsen und ein paar unruhige Gläubiger zu bezahlen, der Delikateßfritze in Krakau erhielt einen größeren Auftrag, gute Dinge, als da sind: Essen, Trinken und rauchbares Kraut, möglichst bald und möglichst viel zu schicken, und was dergleichen wichtige Angelegenheiten noch mehr sind. Die nächsten zwei bis drei Wochen, das war ja mit Sicherheit anzunehmen, würde ich wohl kaum noch einmal dazu kommen, in Ruhe dringende Postsachen zu besorgen; es hatte sich aber verschiedenes angesammelt, was unbedingt schleunigst erledigt werden mußte. Die fertigen Briefe wurden beiseitegelegt, und nun widmete ich mich ganz meinen Kochkünsten.

Wenn alles glatt ging, mußte meiner Schätzung nach Peltern so gegen 12 Uhr mittags hier oben sein; da gewöhnlich aber alles mögliche dazwischenkommt, rechnete ich schon ruhig, ihn nicht vor 2, $^{1}/_{2}$3 Uhr erwarten zu können. Eine prachtvolle Suppe mit einem riesigen Stück Rindfleisch und dem herrlichsten Gemüse darin brodelte auf dem Feuer, daneben dampfte und duftete ein Topf mit Irish Stew, beides Dinge, die auch ruhig mal ein bis zwei Stündchen länger kochen können, als unbedingt nötig ist. Außerdem hatte ich zur Feier des Tages eine süße Mandel- und Rosinenspeise mit großer Emsigkeit zurechtgerührt, wozu als Soße der selbstausgekochte Himbeersaft nicht übel munden sollte. Ein feiner Muskateller in der Glaskaraffe duftete berauschend, und für den Mokka war auch schon alles bereitgestellt; vergnügt schmunzelte ich im Innern vor mich hin, was wohl der Peltern für ein überrashtes Gesicht machen würde, wenn er diese Herrlichkeiten alle sah. Ich koche noch einmal so gern und mindestens auch noch einmal so sorgfältig, wenn ich jemand bei mir zu Besuch habe, der die Erzeugnisse liebevoller Kochkunst zu würdigen versteht. Aha! Draußen Pferdegetrappel, er kam!

Ich trat vor die Tür. Richtig, Peltern sprang eben vom Pferde.

„Donnerwetter," meinte er und reichte mir flüchtig die Hand, „das sind ja ganz verteufelte Berge, ohne Pferd wäre ich gar nicht heraufgekommen, glaube ich. Na, wie sieht's sonst aus, orgeln die Hirsche schon ordentlich?"

„Heute Nacht habe ich den ersten drüben in Galizien melden hören; aber wo bleibt der Istvan mit Ihren Sachen? Kommen Sie doch rein, wir wollen essen, mein Mittag ist schon seit zwei Stunden fertig."

„Sofort", sagte Peltern, nahm den Sattel vom Pferde und drehte sich wieder nach mir herum. „Ja, was ich sagen wollte, kriegen Sie nur keinen Schreck, ich komme nämlich nicht allein!"

Ich horchte auf. „Nicht allein, ja was denn, bringen Sie etwa Ihre Frau Gemahlin mit? Alle guten Geister, die wird sich hier oben umsehen!" „Nicht ganz," meinte Peltern etwas betreten, „äh, Sie müssen nämlich wissen, ja, das kam mir selbst etwas überraschend; ich fragte sie so leichthin, ob sie mitkommen wollte, gleich war sie Feuer und Fett dafür und ließ sich's nicht mehr ausreden. Ja, also, 'ne Freundin von mir, sehr nette Person; aber nun schämt sie sich etwas und ist ein bißchen zurückgeblieben, bis ich Sie orientiert hätte. Hoffentlich ist's Ihnen nicht unangenehm?"

Ich grunzte etwas in meinen Bart, was alles mögliche heißen konnte. So ein gottverdammter Blödsinn! War der Kerl denn mondsüchtig, brachte sich ausgerechnet in den Karpathenurwald auf 1500 m über Meereshöhe ein Frauenzimmer mit ins Blockhaus; alle guten Götter, und das noch, wenn die Hirsche schrieen! Ich steckte mir eine Beruhigungszigarette ins Gesicht und sagte lächelnden Angesichts zu Peltern:

„Wissen Sie, meinetwegen können Sie sich sechs kleine Mädels mitbringen, das ist mir ziemlich schnuppe. Momentan allerdings wirft es meine ganzen Dispositionen über den Haufen und Ihnen, fürchte ich, wird die Dame die ganze Hirschbrunft verderben. Aber um das Thema genügend zu beschwatzen, haben wir ja noch die nächsten drei Wochen ausgiebig Zeit genug; wo ist sie denn nun überhaupt zunächst einmal? Sie werden bereits Hunger haben, und ich muß gestehen, vom Kochen allein wird kein Mensch satt, ich habe auch Hunger. Oh, da ist sie ja!"

Ich half der Jungfrau höflich vom Pferde und musterte sie schnell aber scharf von der Seite: ganz niedliches, schickes Persönchen, aber das Auge und der Zug um den Mund gefielen mir nicht. Peltern stellte vor und endlich, nach einigen allgemeinen Redensarten führte ich sie in mein Prunkgemach. Istvan kümmerte sich um die Pferde und lud das Gepäck ab. Juchtenstiebel kredenzte die

Suppe. Stillvergnügt äugte ich verstohlen nach seinem Gesicht und biß mir auf die Zunge: „Windstärke 15 mit Neigung zu Gewitter und Erdbeben!" Mit einem Blick hatte er die Dame an unserm Tisch gemustert, mit einem Blick, der einfach unsagbar, unheimlich war. Mein ganzer Unmut war sofort verraucht, nun wußte ich, das gab mal wieder eine Geschichte!

„Sagen Sie mal, Herr Wilder," fragte plötzlich Frau Thilda (so hieß sie nämlich), als ich gerade die Suppe auftat, „was haben Sie denn da am Fenster hängen, wo die vielen Fliegen drauf sitzen?"

Ich blickte flüchtig hin. „Ach so, das ist das Rindfleisch für morgen mittag."

„Wa – was?" stammelte sie entsetzt und schob ihren Suppenteller weit von sich. „Das Fleisch für morgen mittag? Aber doch nicht etwa für uns"?

„Für wen denn sonst?" fragte ich verwundert.

„Ja, aber warum hängen Sie denn das da gerade ins Fenster? Das tut man doch in den Eisschrank; pfui, sehen Sie doch die Fliegen darauf, das ist ja ekelhaft, das verdirbt einem ja den ganzen Appetit."

Nun sah auch Peltern sich das ominöse Stückchen Fleisch etwas näher an, schüttelte sich gleichfalls entsetzt und nagte bloß noch mit halbem Zahn an seiner Suppe.

Ich brummte gemütlich vor mich hin und strich mir den Bart. „Wenn Sie in dem ganzen Hause einen kühleren Fleck finden wie da im Fenster, Gnädigste, dann will ich Hans heißen. Das Fleisch wird heute abend ordentlich abgewaschen und eingesalzen. Sehen Sie mal, es ist ja draußen sowieso ganz abgetrocknet, also die Fliegen können ihm nichts anhaben, das gibt noch ein paar deliziöse Beefsteaks morgen mittag. Eisschrank, Gnädigste! Wo denken Sie denn, daß Sie sich momentan befinden? Erstlich in Ungarn, zweitens an der galizischen Grenze, drittens im Urwald, viertens im Blockhaus und fünftens 1500 m über dem Meeresspiegel; wo Sie da einen Eisschrank hernehmen wollen, ist mir ein Rätsel. Na, noch ein bißchen Suppe gefällig? – Nicht? O, wie schade, schmeckt sie Ihnen nicht? Sie, Herr von Peltern? Auch nicht. Na, dann muß ich alleine noch einen Teller essen, sonst frißt sich Juchtenstiebel krank; was wieder hinauskommt, ist sein Deputat, das ist bei uns Tradition seit 15 Jahren."

Und ich aß mit bestem Appetit meine beiden großen Teller Suppe, während das falsche Ehepaar sich über meinen Muskateller hermachte. Das Irish Stew fand ebensowenig Anklang; beide stocherten mit schlecht verhehltem Ekel darin herum, und ihre Gesichter erhellten sich erst, als Juchtenstiebel die Mandel- und Rosinenspeise hereinbrachte und auf den Tisch stellte. Sie planschten sich über einem Berg voll Speise den Teller voll Himbeersoße und fingen beide gleichzeitig an zu löffeln, aber auch fast gleichzeitig wie auf Kommando hörten sie mit Kauen auf und sahen sich verdonnert an. Dann führten sie Daumen und Zeigefinger an die Lippen und nahmen irgendetwas aus dem Mund. Ich grinste diabolisch, natürlich innerlich, sie hatten eine Rosine gefunden und dachten, es wär 'ne Fliege, und da noch viele solcher Fliegen in der Speise herumschwammen, so ging es dieser ebenso wie der Suppe und dem Irish Stew.

Für euch rühre ich keinen Kochlöffel mehr an, schwor ich mir im Innern, wenn ihr was futtern wollt, dann schmurgelt's euch gefälligst alleine zusammen.

Juchtenstiebel räumte den Tisch ab, brachte das Kaffeegeschirr, den Sliwowitz und die Zigaretten, und während meine beiden Gäste es sich behaglich machten und in ihrem Gepäck kramten, braute ich den duftigen Mokka. Für eine gute Tasse Kaffee habe ich sehr viel übrig, und wenn ich ihn selbst zubereite, geschieht es mit Verstand und Liebe; es ist gar nicht so einfach, wie das mancher glauben möchte, und was man, selbst in besseren Häusern, als Kaffee vorgesetzt bekommt, ist oft nur eine erbärmliche Plurre. Ich habe meine Karlsbader Kaffeekanne mit dem Trichter, in den erst ein Stück Kaffeepapier und dann der sehr fein gemahlene Kaffee hineinkommt, wohlgemerkt, aber erst dann, nachdem Kanne sowohl wie Trichter durch kochendes Wasser heiß gemacht sind. Nun gieße ich aus dem danebenstehenden Kessel einen ordentlichen Schuß kochendes Wasser auf den Kaffee und lasse das völlig

Die Brunfthexe

durchtropfen, dann gieße ich oft, aber immer nur ganz wenig kochendes Wasser nach. Die Kanne, in die der Kaffee hineintropft, steht währenddessen beständig in einem Gefäß mit heißem Wasser, kann also nicht abkühlen, der Kaffee bleibt stets heiß. Ist er fertig, werden auch die Tassen erst durch kochendes Wasser heiß gemacht, ehe ich den Labetrunk hineingieße. Das wird Kaffee, wirklicher Kaffee, den jeder Mensch mit Genuß trinken kann, das Pfund braucht nicht einmal viel zu kosten.

Auch meinen Gästen mundete er gut, und nun saßen wir uns, behaglich an der Zigarette saugend, plaudernd gegenüber.

„Sie sind wohl Weiberfeind," meinte die Gnädige, mich neugierig betrachtend, „mein Mann hat mir so was Ähnliches erzählt und gab mir unterwegs ein Buch von Ihnen zu lesen, danach scheint's mir auch so?"

„Weiberfeind?" schmunzelte ich. „Nee, das könnte ich eigentlich nicht sagen. Das ist nicht das richtige Wort. Daß ich das andere Geschlecht für höchst überflüssig halte, wenigstens sehr oft im Leben, will ich nicht bestreiten."

„Zum Beispiel hier oben im Blockhaus?" fragte sie kampflustig.

Ich nickte ernsthaft: „Da unbedingt, das werden Sie selbst merken. Denken Sie an mich, wenn Sie sich selbst hier oben das erste Mal überflüssig vorkommen."

„Sie sind ja sehr galant", schmollte sie.

Ich verzog höhnisch lächelnd meinen Mund: „Glauben Sie wirklich, Gnädigste, daß ich auf dem höchsten Gipfel der Karpathen, im Urwald mich in ein Blockhaus verkriechen werde, ausgerechnet, um Damen Liebenswürdigkeiten zu sagen? Nein, da beurteilen Sie mich falsch. Ungefragt schwatze ich sehr wenig, aber wenn Sie mich etwas fragen, bekommen Sie auch genau das zur Antwort, was ich denke. Ich werde mir doch in meinem eigenen Haus keinen Zwang auflegen."

„Nein, das verlangt auch keiner," meinte sie ärgerlich, „aber Sie brauchen doch nicht gleich so grob zu sein. Gegen ‚Damen‘ ist man doch höflich!"

Ich knurrte etwas Undefinierbares in meinen Bart.

34

„Wann und wo lassen Sie uns Frauen überhaupt gelten?" fuhr sie fort.

Ich schmunzelte vergnügt: „Herrschaften, seien Sie mir nicht böse, jetzt kommt ein sehr krasses Wort. Aber ich kann's mir nicht verkneifen, denn es liegt viel Wahres drin. Ich habe nämlich einen Bekannten, ein ziemlich merkwürdiges Original, und – von einer bodenlosen Grobheit. Der pflegte immer zu sagen: ‚Die Weiber sind überhaupt nur zum Vergnügen des Mannes da, sie gehören in die Küche und ins Bett'."

„Pfui," sagte die Frau, „das ist gemein und so denken Sie auch?"

„Nein," gab ich ruhig zurück, „ich habe das Wort ja nicht geprägt. Aber sehen Sie sich die Frauen Ihrer Bekanntschaft an, ob es nicht auf viele paßt. Ich selbst schätze verschiedene Frauen viel zu hoch, als daß ich das nicht dem Konto der übrigen gutschriebe. Es gibt wohl einige wenige und sehr kostbare Perlen unter ihnen, aber die große Masse ist wirklich nur zum Kinderbekommen, Kindererziehen und zum Kochen da. Frauen, die gleichzeitig Gefährtinnen des Mannes sind, mit ihm durch dick und dünn gehen, die sind wirklich selten."

„Hm," meinte Peltern, „das Thema ist ja ganz interessant, aber mich drücken momentan andere Sorgen; wie machen wir das denn heute nacht? Mein großes Gepäck kommt erst morgen, und da sind auch meine Betten dabei."

Ich trat ans Fenster und sah nach dem Wetter. „Ich schlafe nebenan in der Küche auf der Pritsche. Hier sind ja Strohsäcke genug und Decken auch, mein Feldbett können Sie meinetwegen ebenfalls benützen, ich habe sogar auch reine Bettwäsche im Koffer. Morgen ziehe ich natürlich aus, denn das Hausen so zu dritt behagt mir nicht, außerdem raucht es in der Küche."

„O," sagte Peltern, „wir wollen Sie doch nicht vertreiben."

„Vom Vertreiben ist keine Rede," brummte ich, „ich gehe sehr freiwillig. Sie hätten mir Ihre Dispositionen nur etwas früher mitteilen sollen, damit ich Bescheid wußte. Dann hätte ich mir zwei Stunden von hier noch ein Blockhaus gebaut und könnte Sie ungeschoren lassen. So muß mein ganzer Hausrat doch hier bleiben, und ich muß mir wohl oder übel hin und wieder einiges holen."

„Aber Sie sprachen doch seinerzeit davon, zwei Blockhäuser zu bauen," warf Peltern ein, „ich habe es wenigstens so verstanden."

„Das hatte ich auch projektiert," gab ich zurück, „aber von meinem Gelde baute ich natürlich bloß eins, und Sie ließen sich mit ihrem Mammon ja so lange Zeit, daß es, als er endlich kam, zu spät war. Ich bin froh, daß ich wenigstens die Pirschsteige noch fertig bekommen habe."

„Aber ich hatte Ihnen doch fest versprochen, daß ich mich beteiligen würde, darauf konnten Sie sich doch verlassen!"

Ich lachte. „Sie haben ein goldenes Gemüt! Für mich ist ein Geschäft erst perfekt geworden, wenn ich den Kies in der Tasche habe. Sie konnten ja jeden Tag noch abschnappen. Ich habe so viele gute Freunde draußen im Reich, die mich wie die Pest befehden, wie die Sünde hassen, mich geißeln und beschimpfen, wo sie können, und wenn sie mich nicht in der Nähe wissen, vor mir wie vor dem Gottseibeiuns warnen. Solch einem sauberen Patron konnten Sie ja immer noch in die Finger laufen, und da man gar zu gern geneigt ist, das Schlechte, was über den Nächsten erzählt wird, kritiklos zu glauben, so hätten Sie auch keine Ausnahme gemacht und das Ende vom Liede war, – ich saß mit zwei Blockhäusern da. Nein, mein Lieber, ich bin durch Erfahrung gewitzt."

„Und wo werden Sie nun wohnen?" fragte Peltern.

Ich kratzte mir den Hinterkopf. „In Hirtenhütten, wenn's sein muß, vor allen Dingen überall da, wo ich einen Hirsch schreien höre. Darum machen Sie sich nur keine Sorgen, ich komme schon wo unter! Und selbstveständlich beginne ich nun sofort ein zweites Blockhaus zu bauen."

„Jetzt mitten in der Brunft? Wird das nicht stören?"

„Und wenn schon," schimpfte ich, „irgendwo muß ich mir doch allmählich ein Dach über den Schädel zimmern."

„Und wie dachten sie sich die Einteilung des Reviers, damit wir uns nicht ins Gehege kommen?"

36

Ich schlug die Generalstabskarte auf, zeigte ihm sein Blockhaus darin, teilte das Revier in der Mitte durch und sagte kurz: „Die Hälfte am Blockhaus ist Ihre, die andere Hälfte meine."

„Na, wenn Ihr nur erst alle einmal unterwegs wäret," unterbrach uns Pelterns Püppchen, „dann kann ich hier mal groß Reinemachen abhalten. Man merkt doch gleich, Herr Wilder, daß man hier in einem Junggesellenheim ist. Das sieht aus hier in der Stube! Nein, so was habe ich noch nicht erlebt. Nun habe ich Ihnen doch wirklich zwei Aschbecher vor die Nase gestellt, Sie werfen die Asche trotzdem immer unbekümmert auf die Erde. Wirklich die reine Räuberhöhle ist das hier!"

„Wenn morgen doch Großreinemachen ist, kommt's ja auf eine Handvoll Dreck mehr oder weniger nicht an", philosophierte ich. „Gnädigste, tun Sie mir einen Gefallen, hier vertraue ich Ihnen meine Briefe an. Wenn Sie das erste Mal hinunterschicken, geben Sie sie, bitte, dem Boten mit, daß er sie richtig besorgt. Aber, bitte nicht vergessen, es sind einige sehr wichtige Sachen dabei, die keinen Aufschub dulden."

„Aber gewiß doch, Herr Wilder, das will ich gern besorgen und werde es bestimmt nicht vergessen. Gleich morgen schicke ich hinunter, es ist doch noch alles mögliche einzukaufen. Aber wie gefällt Ihnen meine ‚Flora'?"

Ich hatte das von der Gnädigen mitgebrachte und bei jeder Gelegenheit geliebkoste Hundevieh schon wiederholt mit unverhohlenem Mißtrauen betrachtet, es schien halb Dogge, halb Vorstehhund mit einem Schuß Brackenblut zu sein. „Also gar nicht," sagte ich kurz, „es ist ein aus verschiedenen Rassen hergestelltes ‚mixtum compositum', macht auf Schönheit, Reinheit und Adel der Erscheinung keinen Anspruch, dagegen hat es mit den langen Läufen und dem hohen und schlanken Gebäude alle Anwartschaft darauf, ein kapitaler Hetzer zu sein. Achten Sie nur gut auf die Bestie, daß sie keine Privatbummeleien unternimmt."

„Wo denken Sie hin?" ereiferte sich Frau Thilda. „Der Hund jagt überhaupt nicht, der ist so artig und folgsam und weicht nicht von meiner Seite, und –", sagte sie mit erhobener Stimme, „ich möchte es niemand raten, sich an mir zu vergreifen, den reißt er sofort nieder."

„Wer sollte sich wohl an Ihnen vergreifen?" lächelte ich mokant und begab mich in die Küche zu Juchtenstiebel.

VI.

Der hatte eine riesige Wanne voll heißen Wassers vor sich stehen und wusch das Geschirr ab, die unvermeidliche Pfeife hing im linken Mundwinkel.

„Also hören Sie mal," begann ich, „heute nacht schlafe ich hier. Sie können auf dem Boden nächtigen und morgen früh nehmen Sie gleich alle Sachen, die ich heute zurecht packe, Feldbett, Betten und genügend Kochgeschirr und bringen den ganzen Zauber zu Pferde nach der Hirtenhütte drüben am Drachengrund. Die nächste Zeit bleibe ich dort, Sie müssen gleich wieder zurück und den Baron führen. Ich werde ja alle zwei, drei Tage mal hier vorbeikommen, um mir Post und Proviant zu holen, und zwar meist so gegen 11 oder 12 Uhr mittags, wenn die Hirsche doch schlafen."

„Wird besorjt", meinte Juchtenstiebel lakonisch.

„Und dann," fuhr ich fort, „bestellen Sie doch den Sohn von dem alten Holzhacker, den jungen Bengel, wie hieß er doch, ja richtig, also den Franz, daß er die nächsten Wochen auch hier oben bleibt und der gnädigen Frau hilft. Er kann Wasser tragen, Feuer machen, kochen, abwaschen usw., na, die Frau Baronin wird ihn sich schon anlernen."

Juchtenstiebel grinste unverschämt.

„Was grinsen Sie denn, Sie alter Esel?" fragte ich grob.

„Seh'n Se, jnädijer Herr, nu haben wir den Salat, wir haben's Nest jebaut, und andere setzen sich rin. Wenn sie's uns nur nich jar zu sehr verschmieren. Aber von wejen ‚Baronin', det jloben Sie doch selber nich! Weeß der Deibel, wo er sich die uffjejabelt hat! Det is aber ooch det jünstigste, wat uns passieren konnte, un det nimmt keen jutet Ende, da druff will ick Strychnin fressen."

„Wie kommen Sie denn auf die Idee, daß das nicht seine Frau ist?" fragte ich neugierig.

Juchtenstiebel zuckte mit den Achseln. „Det is so'n jewisser Instinkt, jnädijer Herr, det kann ick nich verdolmetschen. Aber ick weß, dunnemals in Rossow, wenn da in unser Jagdhaus 'n Weibsbild kam, ick un die Anna, wir wußten allemal jleich, wat de Jlocke jeschlagen hatte. Wenn eener mit seine richtig jehende Frau ankam, denn plierte de Anna jleich mit de Oogen un rannte ins Haus hin und her wie'n Wiesel, nischt konnte man jut jenung machen, un Blumens mußte ick im Jarten, pflücken, hol's der Deibel, un reene Handschuh zog se mir uff de Klauen, wenn's ans Servieren jing. Schönecken. Brachte aber eener, wie damals der Jraf, bloß 'n kleenes Mädchen mit, jleich warf se sich in de Brust, daß der Sterz nur so wackelte, un mit keene Macht der Welt war se aus de Küche zu bringen. Ne, jnädijer Herr, wenn det seine Frau wäre, denn hätte se längst hier in de Küche rinjekiekt, un juten Tag hätte se mir ooch jesagt. Aber mich is allens recht, det können ja verjnüjte Tage werden!"

In jener Nacht auf dem schlechten Strohsack, dünn zugedeckt, in der rauchigen Küche habe ich recht wenig geschlafen, selten in meinem Leben bin ich mir auch so dumm vorgekommen wie damals. Sich durch ein dämliches Frauenzimmer einfach aus dem eigenen Hause vertreiben zu lassen, war doch geradezu grotesk, aber was sollte ich machen, es gab doch gar keinen anderen Ausweg. Nur geflucht habe ich damals über das Schicksal, daß es mir nicht mehr Mammon in die Wiege gelegt hat, um bei Pachtung meiner Jagdparadiese unabhängig von fremden Geldbeuteln zu sein. Daß ich ein armes Luder war, hatte mich bis dato noch nie so sehr geplagt und wenig angefochten, die alberne Gans aber hat es mir zum ersten Male deutlicher zum Bewußtsein gebracht; denn hätte ich nicht mit seinem Jagdanteil rechnen müssen, beim Zeus und der Diana, mit einer unheimlichen Geschwindigkeit hätte ich das edle Paar an die Luft gesetzt. Mein ganzer Apparat, der so schön aufgezogen war und immer so gut zu funktionieren pflegte, kam durch diese unerwartete Beigabe total in Konfusion, und alles ging quer. In derselben Nacht hörte ich bereits in unserem Revier zwei Hirsche röhren, allerdings fern vom Jagdhaus in der Richtung meiner Hirtenhütte. Aber nun war die Brunft im Gange und kein Tag durfte durch Nichtigkeiten verträdelt werden. Juchtenstiebel und Istvan, wenn er Zeit hatte, mußten den Peltern führen, der Franz war für die Küche bestellt und ein Ruthene für die täglichen Botengänge. Da ich nun zwei Stunden vom Blockhaus kampieren mußte, hätte ich eigentlich das doppelte Personal gebraucht, zum mindesten noch einen Kerl, der bei meiner Hütte blieb, Holz hackte, auf die Sachen aufpaßte usw., und einen zweiten für meine Botengänge. Wo sollte ich die Leute aber in der Eile herbekommen? Was an Menschen aufzutreiben war, hatte ich natürlich dorthin dirigiert, wo das zweite Blockhaus gebaut werden sollte. Durch all diese Widerwärtigkeiten war mir die Laune recht gründlich verdorben, und als das Blockhaus noch in tiefem Schlummer lag, schulterte ich bereits Büchse und Rucksack und verließ grußlos die Stätte des Ärgernisses.

Draußen steckte ich mir eine kleine Handlaterne an, es war stockduster und ohne Licht jede Möglichkeit, die Steige zu finden, ausgeschlossen. Nachdem ich verschiedene solcher nächtlichen Märsche ohne Licht hatte machen müssen, mir dabei beinahe Genick und alle Knochen in dem niederträchtigen Urwald gebrochen hatte und an einer Strecke Weges, die man bei Tage bequem in einer halben Stunde bewältigen konnte, zwei geschlagene Stunden knacken mußte, ging ich, ohne Laterne und Licht im Rucksack zu haben, überhaupt nicht mehr los. Hinten am Drachengrund röhrte wahrhaftig ein Hirsch, schon unterwegs war es mir ein paarmal so vorgekommen, jetzt als ich nach der ersten Stunde strammen Marschierens verschnaufte und auf meinem Jagdstühlchen eine Zigarette rauchte, hörte ich es ganz deutlich. Fort flog der Stummel und im Gewaltmarsch ging es weiter. Es dämmerte noch kaum; wenn er nur noch eine halbe Stunde weitermeldete, mußte ich genau wissen, wo er stand.

Den Gefallen tat er mir mitnichten, von nun an blieb er stumm. Es wurde empfindlich kühl, und mit langen Schritten stieg ich den

Lebensmitteltransport zum Blockhaus

Karpathennothütte

letzten Berg hinunter, drüben wieder hinauf, auf dreiviertel Höhe rechts herum, und da lag auch die Hütte. Rucksack, Büchse, alle meine Habseligkeiten brachte ich hinein, dann steckte ich mir draußen ein riesiges Feuer an, kochte Kaffee, wärmte meine Glieder und rauchte einen Tabak nach dem andern. Wie eine rote Kugel tauchte hinter der Kuppe, wo mein Blockhaus lag, die Sonne aus dem Dunst; langsam kletterte sie am farblosen Horizont in die Höhe, nun schimmerte sie fahlgelb, jetzt goldig, und nun brachen die Strahlen aus der Dunstwand und blendeten grell das Auge. Unten in den Tälern herrschten noch die schwarzen Schatten der Nacht, wie in einem Hexenkessel wogte und wallte, siedete und brodelte es darin, und nun quoll es herauf wie Dampf und Gischt, wie Rauch und Qualm, kroch in die Wälder herein, legte sich um die Berge, hing an den Spitzen, den Kuppen und Schroffen, ein dichtes, farblos graues, feuchtes Nebelgewoge. Ein leiser, leichter Wind ging auf, strich nach unten, schreckte die Nebel, daß sie in langen Geschwadern das Tal hinunter flüchteten, fuhr tosend durch die Bäume und nahm manch welkes Blatt mit sich fort oder verschwand leicht, leise wie er gekommen.

Vergeblich lauschte ich in den erwachenden Morgen hinaus. Nirgends meldete ein Hirsch. Es war kalt und klar, ein prachtvoller Brunftmorgen, aber die Herren Karpathenhirsche haben ihre eigne Ansicht darüber; denn wenn unsereins denkt, sie müßten röhren wie die Glocken, verhalten sie sich totenstill, und wieder an Tagen, wo wir in Deutschland sagen würden: „Bei dem Wetter macht kein Hirsch das Maul auf", da röhren und orgeln sie von morgens früh bis mittags um 11; und schon um 2 Uhr nachmittags geht der Spektakel wieder los bis tief in die Nacht. Solche Tage sind sehr rar in jeder Brunft, wenn es hoch kommt, dauert der Spaß drei, vier Tage, und dann ist mit einem Schlage alles wieder aus. Von einem langsamen Beginn, einem Höhepunkt der Brunft und einem Abflauen kann man in den Karpathen kaum sprechen, heute ist noch alles tot, zwei, drei Tage später röhren die Hirsche überall, acht bis zehn Tage darauf ist mit einem Schlage alles wieder still.

42

So wenigstens habe ich es in den meisten Revieren, in denen ich zu jagen das Glück hatte, getroffen. Woanders mag es anders sein, das will ich nicht bestreiten. Der Bestand an Hirschen und Kahlwild war meist ein gleicher, vielleicht überwogen sogar die Hirsche ein wenig. Neuerdings habe ich in der Marmaros 50000 Morgen Urwaldjagd auf zehn Jahre gepachtet, da ist es ebenso. Ich will versuchen, etwas mehr Kahlwild heranzuzüchten, so daß auf den Hirsch zwei bis drei Stück Mutterwild kommen. Ich hoffe, daß dadurch die Brunft etwas lebhafter wird und auch ein paar Tage länger dauert. Da ist es also kein Wunder, daß der Festzauber etwas schnell verrauscht.

Gegen Mittag erschien Juchtenstiebel mit meinem Gepäck, und wir richteten meine Hütte so gut als möglich ein. Das Gute war, daß überall solche Hirtenhütten standen, meist 2$^{1}/_{2}$ m im Quadrat und 1$^{1}/_{3}$ m hoch. Ein wenig primitiv waren die Dinger ja, aus dünnen Fichtenstämmen zusammengefügt, mit Fichtenrinde gedeckt, so pfiff der Wind natürlich überall ungehindert hindurch; regen- und schneedicht waren sie auch in den seltensten Fällen. Daß man stets gebückt drin hantieren mußte, war ein weiterer Nachteil, aber das schlimmste war der Rauch des Lagerfeuers, das man zum Kochen und Wärmen ständig da drin unterhalten mußte. Der Rauch war schrecklich, der Wind jagte ihn ständig in der Hütte herum, er biß einem in die Augen, daß sie tränten, er benahm einem den Atem, daß man glaubte, ersticken zu müssen. Daß mir manche Nacht der Regen ins Bett tropfte, einmal auch eisigkalte Schneeböen hineinpfiffen, ließ mich ziemlich kalt und ärgerte mich weiter nicht, aber der Rauch blieb mir stets unbehaglich, und ich habe manche Nacht lieber das Feuer ausgehen lassen und gefroren, dafür aber wenigstens meine Lungen mit reiner Luft gesättigt.

Juchtenstiebel hielt sich nicht lange auf; er berichtete mir geringschätzig lächelnd, daß die Herrschaften auf sein Wecken nicht reagiert und sogar, als er um 8 Uhr losgeritten war, noch geschlafen hätten. „Drunten in dem Calderon-Jraben meldete jejen Morjen een janz achtbarer Hirsch een paarmal, ick hab's ooch dem Baron versetzt, aberst ‚lassen Sie mir schlafen‘, meente er bloß, und dabei knackte der Strohsack, als ob er durch die Dreschmaschine rutschte. Ne, jnädjer Herr, die Hirsche, die der schießt, die will ick mit Geweih und Uffbruch fressen.“

Um 12 Uhr machte ich mich nach einer hohen Kuppe auf die Beine, die in der Richtung lag, wo heute früh der eine Hirsch geröhrt hatte. Um 1 Uhr etwa saß ich oben und horchte. Bis 3 Uhr blieb alles still, dann wurde mir das Sitzen zu langweilig, und ich klomm herab bis auf meinen Pirschsteig, den ich nun unter Beobachtung der größten Vorsicht entlang pirschte. An einem großen Schlage angekommen, fand ich plötzlich frische Fährten Hirsch, Tier, Kalb! Immer flüchtig hin und her, ganze Strecken auf dem Pirschsteig entlang, dann wieder rauf und runter, also das typische Bild eines Brunftplatzes in den Karpathen. Auf dem Schlage selbst leuchteten ein paar weißgeschlagene Fichtenstangen, ich untersuchte dieselben genau, die Höhe war sehr gut, ich konnte mit ausgestrecktem Arm nicht hinaufreichen; die Fährte selbst hätte besser sein können, $9^1/2$ cm breit, hm, jagdbar war der Hirsch auf alle Fälle. Nun etablierte ich mich etwas oberhalb des Schlages auf einem Felsen und blieb bis 5 Uhr sitzen. Einmal hörte ich einen tiefen Groner ganz unten, rechts im Graben, das genügte mir. Ich packte auf und ging nach meiner Burg.

Als ich um Mitternacht aufwachte, mich im Pelz draußen vor die Hütte setzte, Milliarden funkelnder Sterne zu meinen Häupten, und in die totenstille Nacht hinaushorchte, hörte ich in ganz kurzer Zeit nicht weniger als sechs gute Hirsche melden. Zwei dort, wo ich am Abend gesessen, zwei in Pelterns Revier, die beiden anderen weit hinter mir in einem tiefen Graben. Sofort war mein Ärger und alles Unbehagen über die ganze verpfuschte Geschichte verflogen; wo so viel Hirsche röhrten, mußte man auch auf seine Kosten kommen, da konnte man ruhig einmal die Unbequemlichkeiten des tagelangen Kampierens im Freien auf sich nehmen, auf kulinarische Extravaganzen will ich in dieser Zeit ja sowieso überhaupt gern verzichten. Ein Weilchen lauschte ich klopfenden Herzens dem Röhren der Hirsche, diesem köstlichsten Konzert für Jägerohren, dann vergrub ich mich wieder in meinem Feldbett, um schnell noch ein paar Stunden zu schlafen, der nächste Tag konnte lang, vielleicht sehr lang werden.

VII.

Gut eineinhalb Stunden vor Büchsenlicht brach ich auf, wohlgestärkt durch reichliches Frühstück und labenden Kaffee; auch der Rucksack war gut verproviantiert, fünfzehn lange Stunden konnte ich im schlimmsten Fall fern meiner Hütte aushalten.

Viele Karpathenjäger bringen sich durch zu spätes Aufstehen, durch Kleben am warmen Bett, durch geradezu polizeiwidrige Bequemlichkeit leichtsinnig um jeden Erfolg. Macht man sie darauf aufmerksam, glauben sie es natürlich nicht, in vielen Fällen werden sie auch noch grob, und helfen wird der gute Rat bestimmt nichts. Dabei ist es so sonnenklar, daß schon außergewöhnliche Dummheit dazu gehört, es nicht zu kapieren. Man kann doch unmöglich in jedem Graben, auf jedem Berg ein Rasthaus haben, um jedem röhrenden Hirsch auch nachts über an den Schalen zu bleiben. Nun gut. Bei der großen Weitläufigkeit und der mitunter fabelhaften Beschwerlichkeit der Reviere aber ist es häufig, ich möchte sogar sagen fast immer unmöglich, jeden röhrenden Hirsch mit Büchsenlicht sofort vom Blockhaus anzuprischen. Oft röhren sie drüben am anderen Hang, man muß den eigenen Berg hinunter, den andern zur Hälfte hinauf, macht mindestens schon eine Stunde Anmarsch, ehe die Pirsch begonnen werden kann. Dieser Fall liegt noch günstig. Bei weitem öfter werden die Hirsche zwei, drei Gräben dahinter oder noch weiter vom Blockhaus röhren, so daß man mit mehreren Stunden Anmarsch rechnen kann. Marschiert man glücklich im Schummerlicht los, wird man um 8 oder 9 Uhr am Ort der Tat ankommen; die beste Zeit ist natürlich verpaßt, der Hirsch ist müde, er meldet nicht mehr oder nur alle halben Stunden; wieder braucht man zwei Stunden, um die letzten paar hundert Meter, die einen noch trennen, zurückzulegen und dann – wird der Hirsch glücklich im Bette sitzen und schlafen. Wenn's hoch kommt, wird der Weidmann eine Stunde warten und lauschen, hört er in dieser Zeit nichts mehr vom Hirsch, wird er verärgert den Heimweg antreten und wieder zwei, drei Stunden umsonst durch die Atmosphäre marschieren. Wenn ihn gerade jetzt der verdammte Stalldrang nach dem Blockhaus mit seinen Fleischtöpfen nicht packte, wäre auch noch nichts verloren, da wahrscheinlich der Hirsch so gegen 2 Uhr nachmittags wieder lebendig werden würde; aber der Jäger gibt es immerhin nicht allzu viele, die es fertig bekommen, vier, fünf Stunden in Ruhe neben dem schlafenden Hirsch sitzen zu bleiben und darauf zu warten, ob er nicht wieder mobil wird.

Das Idealste wäre es ja ohne Zweifel, wenn man es über sich gewinnen könnte, die ganze Nacht im Revier zu bleiben, an den röhrenden Hirsch so weit als tunlich heranzugehen, seinem Konzert stundenlang zu lauschen, wobei man recht wichtige Studien machen kann, und dann mit werdendem Büchsenlicht auf ihn loszuweidwerken. Das habe ich auch schon zu wiederholten Malen gemacht, den ganzen folgenden Tag mir gleichfalls um die Ohren geschlagen, aber ich habe ein Haar darin gefunden, denn schließlich schlief ich im prachtvollen Nachmittagssonnenschein an einer Suhle, wo ich den Kapitalen mit Bestimmtheit erwartete, fest ein und wachte erst wieder auf, als der Hirsch vergrämt durchs Unterholz prasselte. Seitdem sitze ich höchstens in den ersten Tagen der Brunft mal bis 11 oder 12 Uhr nachts auf hohem Berge, um mich zu orientieren, ob und wo die Hirsche röhren, im übrigen wird um 8 oder 9 Uhr ins Feldbett gekrochen und geschlafen, aber um 3, spätestens um 4 Uhr geht es wieder heraus. Wenn dann allmählich Büchsenlicht im Walde wird, habe ich mich schon stundenlang über das Ziehen und Melden der Hirsche orientiert, habe meine Wahl getroffen, sitze dem Auserwählten ziemlich dicht am Leder und bin meist auch schon über seine Absichten und sein „Wohin" unterrichtet. Und wenn es nun nach Adam Riese ginge, dann müßte natürlich solche Emsigkeit jedesmal ihren klingenden Lohn finden in einem kapitalen Sechzehn- oder Achtzehnendergeweih! Nicht wahr –? Daraus aber, daß dies nicht der Fall ist, daß ich, wenn's gut geht, mit zwei oder drei, wenn's barbarisch geschlumpt hat, höchstens mit mehr Trophäen heimwärts ziehe, kann man schließen, entweder meinetwegen, daß ich auch nur ein Stümper bin, oder will man dies nicht, daß, den Karpathenhirsch zu betören, selbst wenn man gar keinen Fehler macht, doch stets ein höllisch saures Stückchen Arbeit ist. –

Auf meiner gestrigen Kuppe angelangt, setzte ich mich unter Wind und lauschte. Zuerst hörte ich weit drüben in Pelterns Revier einen und bald auch einen zweiten Hirsch röhren, beide jedoch mußten ihren Stand ziemlich weit vom Blockhaus entfernt haben; dann meldete ganz hinten bei mir ein Hirsch, ich ahnte den Ton mehr, als daß ich ihn vernahm, jedenfalls stand dieser heute außerhalb jeder Konkurrenz, nach einer guten halben Stunde erst ein tiefer Groner unten in meinem Graben. Das war er, und er stand noch fast an derselben Stelle wie gestern nachmittag. Ich wartete noch ein Viertelstündchen, bis er sich zum zweiten Male hören ließ, nun hatte ich seinen Stand haarscharf ausgekundschaftet, und bedächtig, pirschte ich mich heran. Mit Büchsenlicht hatte ich den Schlag erreicht, auf dem der Hirsch gestern getrieben hatte, etwa 200 m unterhalb mußte er augenblicklich stehen.

Ich hätte ja nun die Muschel nehmen können, denn der Hirsch verschwieg vollkommen, und ein paar Töne hätten ihn wohl zur Antwort gereizt. Ich nehme die Muschel aber nur im äußersten Notfall, denn ich habe schon ebenso viele Hirsche in die Flucht als herangeschrien. Es ist mit der Muschel eine eigene Sache, – immer vorausgesetzt, daß man sie wirklich gut zu meistern versteht – auf weite Entfernung ist sie insofern gut, als man den Hirsch zur Antwort reizen kann; hat man also einen Jäger, der die Sache gut versteht, so kann man den Hirsch anpirschen, während er ihn anröhrt und in Atem hält, das wird oft glücken. Rückt man dem Hirsch mit der Muschel aber näher, so wird man bald die Erfahrung machen, selbst wenn man einen schwächeren Hirsch markiert, daß nicht jeder ein Raufbold ist und dem Störenfried die Stirn bietet;

ebensooft verschweigt der Hirsch und treibt sein Mutterwild beiseite. Dann sitzt man da mit seinen Kenntnissen! Es sind keineswegs immer die schwächsten Hirsche, die den Kampf meiden, sicherlich aber die klügsten, und Klugheit pflegt bei den Hirschen
mit Erfahrung und Alter identisch zu sein. Reizt man schließlich
den Hirsch ganz in der Nähe, mit Knören oder Mahnen, so pras-
selt er einem durchaus nicht immer wutentbrannt in die Büchse,
nein, viel öfter hat man ihn nur aufmerksam gemacht, ein falscher
Ton oder knackender Ast – und fort ist er, wie weggeblasen. Ich
verlasse mich jedenfalls bei weitem mehr auf mein Pirschen als auf
die Muschel.

In der Annahme, daß der Hirsch mit seinem Stück doch wieder
in der Runde herumtreiben würde, blieb ich am Rande des Schlages sitzen und wartete. Ein paar Gimpel, die stumpfsinnig ein
Stündchen neben mir auf einem Wacholder saßen und auf die
wärmende Sonne lauerten, leisteten mir Gesellschaft. Ich freute
mich über ihre rote Brust und den schwarzen Mohrenkopf und vor
allen Dingen auch über ihren stoischen Gleichmut, der durch mein
Erscheinen keineswegs ins Wanken geraten war. Was die können,
kannst du auch, dachte ich, mit dem Weiterrennen eilt es ja nicht
sonderlich.

Nach einer Stunde hörte ich es wirklich im Unterholz verdächtig
knacken, das Geräusch näherte sich auch dem Schlag, entfernte
sich dann wieder und verstummte schließlich ganz. Was es gewesen, konnte ich nicht sagen, ein treibender Hirsch keinesfalls, dazu
knackte es zu langsam und stetig, während ein solcher einen geradezu haarsträubenden Radau macht. Ein ziehender Hirsch konnte
es auch kaum gewesen sein, das Anstreichen des Geweihes, dieser
Ton wäre mir nicht entgangen. Der Einfachheit halber brach ich
meine Zelte ab und pirschte dorthin, wo es geknackt hatte. Aha,
Meister Petz hatte nach Himbeeren gesucht, hier stand seine nagel-
frische Fährte. Ich war ganz froh, daß er nicht auf den Schlag her-
ausgekommen war, vor Mitte Oktober, ehe die Bären nicht ihren
Winterpelz angelegt hatten, wollte ich keinen schießen, und wenn
nun doch so ein kapitaler Bursche minutenlang im Bereich der

Büchse herumgeturnt wäre, wer weiß – mein Fleisch ist nur zu schwach!

Da plötzlich ein tiefer Schrei unten, aber drüben auf der anderen Seite. So schnell es der Urwald erlaubte, pirschte ich hinunter. Unterwegs konnte ich den Hirsch noch zweimal laut herausschreien hören. Ich stand an einer Blöße und sah aufmerksam hinüber. Das muß dort in dem dicken Horst von etwa zwei bis drei Morgen Größe gewesen sein, sagte ich mir und nahm das Glas zu Hilfe, die Sonne kam gerade in diesen Graben hineingeklettert und stand hell und warm auf dem gegenüberliegenden Hang. Zu sehen war nichts, aber ein weiterer Schrei belehrte mich, daß ich recht hatte. Nun studierte ich dort drüben das Gelände ganz genau, merkte mir jede Blöße, jeden auffälligen Baum, dann ging's im Geschwindschritt hinunter über den plätschernden Bach hinweg, auf der anderen Seite hinauf, und zwar so weit, daß ich zunächst mal wieder über Wind kam. Mit äußerster Vorsicht pirschte ich schließlich bis an eine dicke Birke, die ich mir genau gemerkt hatte, der Hirsch konnte kaum einen Büchsenschuß davon im Dicken stecken.

Es war inzwischen zehn Uhr geworden, die Sonne brannte ordentlich, ich saß im Gras, die Büchse in der Faust, und lauschte angestrengt auf jedes kleine Geräusch; ein paarmal hatte ich es schon knacken und brechen hören, jetzt wieder „klipp", „klipp", immer an derselben Stelle. Wahrscheinlich sitzt der Hirsch und schläft, dachte ich mir, wollen doch mal sehen, ob wir nicht näherkommen; im Bereich der Büchse hatte ich ihn schon, nun hieß es bloß noch ihn sehen, dann konnte es knallen, aber diese letzten zehn, zwanzig Schritt haben es meist in sich, auf denen scheitern immer noch 95 Prozent aller Karpathenjäger.

Für diesen schweren, letzten Gang mache ich meist besondere Toilette, Rucksack, Jacke, Jagdstuhl, Stock, Standhauer, alles wird abgelegt, nur die Büchse und das Glas behalte ich, und dann geht's auf allen Vieren vorwärts. Man ist so besser gedeckt, wird vom Hirsch und seinem Wild nicht so leicht geäugt, während man selbst im Dicken besser alles, was auf dem Erdboden wackelt, erspähen, also auch den Hirsch voraussichtlich frühzeitig eräugen wird. Es ging verdammt langsam, trockenes Fallholz und alles mögliche lag zu Haufen im Wege, zu zehn Schritten Entfernung brauchte ich eine halbe Stunde, und nun war beim besten Willen ein Weiterkommen unmöglich. Ein halbes Dutzend vom Sturm gleichzeitig gestürzter haushoher Fichten lagen quer vor mir, eine hatte immer die andere mit umgerissen; das gab ein so fürchterliches Chaos, ohne Lärm war da einfach nicht durchzukommen, also in Geduld warten. Der Hirsch mußte unmittelbar vor mir sitzen, wiederholt hörte ich das Geweih leise anstreichen.

Ich habe nicht nach der Uhr gesehen, wie lange ich da gesessen habe, denn meine Sinne waren beständig fieberhaft gespannt in dem Gewirr von Bäumen und Ästen, den Hirsch auszumachen. Ich hatte sein Geweih schon an der Wand, trennten uns doch kaum zwanzig bis dreißig Schritt, sobald er aufstand und beiseite zog, mußte er durch den Bereich meiner Büchse. Sehnsüchtig dachte ich an meinen Rucksack mit dem Frühstück, an meine Jacke mit der Pulle und den Zigarren, und wenn ich in dieser Brunft schon einen Kapitalen gestreckt hätte, wäre ich wahrhaftig zurückgekrochen und hätte erst gefrühstückt. Aber so beschimpfte ich mich selbst und harrte aus.

Plötzlich ein lautes Gepolter, ein furchtbares Prasseln, einen Moment sah ich den Hirsch und das kapitale Geweih huschen, dann war auch das verschwunden, und alles war wieder still. Verstört faßte ich mich an den Kopf, war das ein Spuk, hatte ich nur geträumt, oder war es Wirklichkeit!

An letzterer war leider nicht zu zweifeln, ganz gebrochen wankte ich zu meinen Sachen zurück. Hatte ich irgendein Geräusch gemacht, eine unvorsichtige Bewegung, hatte vielleicht ein Ästchen geknackt oder der Wind geküselt, was Teufel hatte mir den Hirsch vergrämt? Das sollte ich gleich erfahren. Als ich in den Graben hinunterstieg, wer bummelte da harmlos, als müßte es so sein, vor mir das Rinnsal hinunter? Herr Franz, der Lausejunge, den ich der Frau „Baronin“ als Mädchen für alles empfohlen hatte!

50

Mit ein paar Sätzen war ich bei ihm, und ehe er sich's versah, hatte er rechts und links ein paar Ohrfeigen sitzen, daß ihm der Kopf die nächste Viertelstunde noch wackelte. „Du gottverdammter Schuft", knirschte ich ihn an, „wie kommst du dazu, mir hier die Hirsche zu vergrämen, was, Geier, hast du hier zu suchen?"

„Au weih, au weih", jammerte der bloß und rieb sich die Bakken.

„Und wenn du jetzt nicht antwortest, dann hänge ich dich am nächsten Baume auf", sagte ich eisig und zog einen Bindfaden aus der Tasche.

„Au weih, au weih," heulte das Scheusal, „die Frau Baronin hat mich doch geschickt, ich soll Himbeeren suchen. Aber nicht da beim Haus, hat sie gesagt, sondern weit weg, daß ich den Herrn Baron nicht störe."

„Sieh mal an, sehr nett," lachte ich grimmig, „den sollst du nicht stören, aber mir kannst du die dicksten Hirsche zum Deibel jagen, na warte! Nun hör' mal zu, mein Bürschchen, wenn ich dich noch einmal hier in dieser Gegend treffe, dann breche ich dir sämtliche Knochen, hänge dich mit den Beinen an einen Baum und mit dem Kopf in einen Ameisenhaufen, und so kannst du dich die nächsten 24 Stunden amüsieren, das merke dir. Der Baronin werde ich aber noch heute Bescheid sagen, damit sie dir nicht noch einmal ähnliche Aufträge gibt. Nun packe dich nach Hause und erzähle ihr, was dir passiert ist!"

Wie ein Wiesel rannte der Junge den Berg hinauf und verschwand. Ich kochte vor Wut über dieses maßlose Pech, ging nach dem Windbruch zurück und suchte mir das Bett von dem Hirsch, das ich genau 23 Schritte von der Stelle fand, wo ich gelauert hatte. Hinter dem Wipfel einer umgebrochenen Fichte hatte er gesessen, so daß ich ihn natürlich nicht sehen konnte. Wäre er von allein gemächlich aufgestanden, hätte selbst ein Blinder ihn nicht vorbeischießen können.

Die Brunfthexe zog ihre Kreise! –

VIII.

Am Nachmittag um 2 Uhr war ich beim Blockhaus. Juchtenstiebel lag davor im Grase und sonnte sich.

„Na," fragte ich, „wo sind die Herrschaften?" „Schlafen", meinte er lakonisch.

„Und wie war's heute morgen, haben Sie was gesehen?"

„Keene Laus!" fluchte der, „nischt jesehen, nischt jehört, is ja ooch keen Wunder, um sechse sind wir erscht losjezittert, der find ja nich ausn Bette. Bis um Uhre fünfe habe ick eenen Hirsch da drüben über dem Berje orjeln jehört, aber 'st höllischen weit. Er jlobts mich aber nich. Nee, wat is da schon zu machen?"

Ich gab dem verärgerten Knaben eine Zigarre und steckte mir selbst auch eine an. „Bei mir hätte es um ein Haar geklappt, bis auf zwanzig Schritte war ich an einen starken Kronenhirsch heran, da hat ihn mir der verfluchte Lümmel, der Franz, verjagt!"

„Wees schon," nickte Juchtenstiebel, „er hat dem Weibsbild hier wat vorjeheult und ihr die Jeschichte versetzt. Se hat ihm die Backen jestreichelt und Schokolade jeschenkt, und dann haben se beede uf den jnädjen Herrn jeschimpft."

„Was haben Sie sonst erlebt?" fragte ich.

„Hirsche und Bären haben wir jenung jespürt, aber der Mann kann ja nicht pirschen, er rennt wie'n Bürschtenbinder, und is so laut, daß man ihn uff en Kilometer trampeln hört, und wo wirklich uf de Pirschsteige noch een Ästchen liejen jeblieben is, det find er bestimmt und stampft ruff, Knax!"

Ich ging in die Küche, kochte mir Kaffee und wartete rauchend, daß das Ehepaar sein Mittagsschläfchen beendete. Endlich wurde es nebenan lebendig, und die Leute fingen an sich zu unterhalten.

„Hallo," brüllte ich, „wenn Sie nebenan soweit sind, daß ich reinkommen kann, dann sagen Sie, bitte, Bescheid, ich habe einiges zu besprechen."

„Mahlzeit," rief Peltern, „bitte gedulden Sie sich einen Moment, ich bin gleich fertig."

52

Ich kannte mein Gemach kaum wieder, als ich schließlich eintrat; überall hing Weiberzeug herum, die Wände waren mit Tannengrün benagelt, so ungefähr wie eine Gruft aussieht, in die eben der Sarg hineingelassen werden soll, unnütze Kinkerlitzchen lagen in jeder Ecke, auf dem Tisch und den Wandbrettern herum, an der Tür war ein Selbstschuß angebracht, wahrscheinlich für Einbrecher, und über jedem der beiden Betten hing eine Browning-Pistole. Verwundert drehte ich mich einmal um mich selbst und beaugenscheinigte die Maskerade, aber schon ging der Skandal los:

„Warum haben Sie eigentlich den armen Jungen so geschlagen?" sagte das Püppchen empört. „Der hat Ihnen doch gar nichts getan, außerdem hatte ich ihn geschickt, darüber hätten Sie sich doch erst informieren können, ehe Sie gleich so roh auf ihn losprügelten."

Ich setzte mich auf einen Stuhl und steckte mir eine Zigarette an, paffte eine ganze Weile vor mich hin, als ob mich das alles nichts anginge und sagte schließlich zu Peltern: „Warnen Sie, bitte, Ihr Personal resp. alle Leute, die momentan hier in Ihrem Blockhaus sind, meine Reviergrenzen zu übertreten, und halten Sie darauf, daß diese aufs strengste respektiert werden. Heute ist mir der dämliche Franz auf Geheiß da der Gnädigen in meinen Schlägen nach Himbeeren herumgekrochen und hat mir einen starken Hirsch vergrämt. Ich bin sonst ein gemütlicher Mann, und es ist ein ganz bequemes Auskommen mit mir, in diesem Punkt aber bin ich empfindlich, und es dürfte wenig angenehme Folgen haben, wenn mir Derartiges nochmals passierte."

Peltern entschuldigte sich, er hätte keine Ahnung davon gehabt, und auch die Dame wurde kleinlaut und bemerkte nur, wie man überhaupt so einen hübschen Jungen mit so schönen braunen Augen schlagen könnte.

„Das Mistvieh ein hübscher Junge?" sagte ich belustigt. „Ich will Ihnen nur eins sagen, er ist der faulste, nichtsnutzigste, verlogenste und durchtriebenste Rüpel, den es hier in dem ganzen Komitat gibt; wenn Sie dem nicht beide Daumen in die Augen drükken und ihm jeden Tag einmal das Fell vergerben, werden Sie noch

Ihr Wunder erleben. Na, ich bin nur froh, daß der Juchtenstiebel hier ist, der wird das Pflänzchen schon kurz halten."

„Der Jäger lügt, glaube ich, wie gedruckt", warf Peltern dazwischen.

„Lügt, wieso?" frage ich erstaunt.

„Nun heute früh erzählte er immer von einem Hirsch, der die ganze Nacht geröhrt haben sollte, aber wie wir rauskamen, war nichts mehr zu hören. Überhaupt, wunderbar; bei dem schönen Wetter schrie kein Hirsch, auch wenig frische Fährten haben wir gefunden, ich glaube, das Revier ist doch wohl durch das viele Viehweiden zu lange beunruhigt und das Wild alles verstört."

Ich warf einen Blick gen Himmel. Herrgott, wie groß ist dein Tierreich! Laut fuhr ich fort:

„Heute nacht um zwölf röhrten bei Ihnen drüben in der Richtung – ich deutete aus dem Fenster – zwei Hirsche, bei mir auch zwei und in der Ferne noch zwei. Wenn wir davon in der Brunft nur die Hälfte schießen, können wir fürs erste zufrieden sein. Sie müssen sich aber nicht wundern, lieber Peltern, wenn Sie erst um 6 Uhr ins Revier tapern, daß Sie dann keine Hirsche mehr zu hören bekommen, die ollen Karpathenrecken orgeln auch lieber nachts wie am Tage. Was schließlich Ihre letzte Bemerkung über das Revier betrifft, – alle Hochachtung – wer so schnell mit seinem Urteil über sein Revier fertig ist, in das er knapp vierundzwanzig Stunden seine Nase hineingesteckt hat, ist entweder der hervorragendste Hochwildjäger, mit dem ich bisher im Leben zu tun hatte, oder – ein ausgemachter Dummkopf."

„Teufel ja," meinte Peltern, „das ist stark!"

„Sie brauchen mir's gar nicht übelzunehmen," fuhr ich ärgerlich fort, „noch weniger sich beleidigt zu fühlen, aber wenn mir einer derartigen Unsinn über ein Revier sagt, das ich mühsam ausgesucht habe und genau kenne, dann braucht er sich nicht zu wundern, wenn er eins auf die Mütze bekommt; und schließlich, nun will ich mir wenigstens alles von der Leber reden, was ich drauf habe, wenn Sie Tag und Nacht in Ihrem Schnarchkorb liegen und sich weiter so emsig um die Hirsche bemühen, dann kriegen Sie überhaupt keinen. Verlassen Sie sich ganz und gar auf meinen Jäger und tun Sie möglichst alles das, was er Ihnen rät, dann haben Sie wenigstens die Chancen, sich eine Trophäe zu erbeuten. So langweilig es für die Dame sein mag, aber den Tag über müssen Sie sie schon allein lassen, wenn's Ihnen überhaupt Ernst mit den Hirschen ist."

„Hoho," fiel das Püppchen ein, „warten Sie nur, Herr Wilder, wenn ich erst meinen Jagdanzug aus Berlin hier habe, dann begleite ich meinen Theobald! Ich werde den ganzen Tag zu Hause sitzen, fällt mir gar nicht ein; eine Angel habe ich mir auch mitgebracht, Franz sagt, es gibt so viel Forellen im Bach; wenn ich nur erst meine Hosen hätte, gleich geht's los. Was meinen Sie, wann können sie hier sein, am Montag sind sie abgeschickt?"

„Vor acht Tagen kaum," gab ich zurück, „unter einer Woche laufen die Postpakete nicht. Aber was haben Sie sich denn heute Schönes zu Mittag gemacht?"

„Zu Mittag? Oh, ich habe Kochkonserven mit, wissen Sie solche, wo gleich der Spirituskocher dran ist, davon haben wir uns ein paar gewärmt."

„Nanu!", sagte ich verwundert. „Kochkonserven? Sie haben aber doch Fleisch, Gemüse und alle möglichen anderen guten Dinge in der Küche, warum essen Sie da Konserven? Das tut man doch bloß im Notfall."

„Ja, du lieber Himmel," seufzte Peltern, „ich kann doch nicht kochen und die Thilda auch nicht, was nutzt uns da das Fleisch und Gemüse?"

Nun konnte ich mir das Lachen aber doch nicht mehr verbeißen: „Ja, nun sagen Sie bloß um Himmels willen, wozu haben Sie sich da die Thilda mitgebracht, wenn sie nicht mal kochen kann? Das wäre noch der einzige vernünftige Grund, den ich hätte gelten lassen!"

„Sie sind ein abscheulicher Mensch," zürnte das Püppchen, „Ihnen ist nur wohl, wenn Sie mich ärgern können. Der Theobald ist so ein wüstes Leben im Blockhaus, wie Sie es führen, nicht gewohnt, der will, wenn er nach Hause kommt, seine Stube ein bißchen aufgeräumt, alles sauber und ordentlich gemacht finden; er liebt es, wenn alles wohnlich und behaglich ist, und dann will er auch mal einen Menschen um sich haben, mit dem er ein paar vernünftige Worte reden kann, als immer bloß die dummen Jäger, die nichts wissen, als von Hirschen zu schwatzen."

„Auch eine Wissenschaft, die gelernt sein will," warf ich dazwischen, „aber ich habe keine Zeit mehr, ich muß mich auf die Beine machen. Wenn Sie morgen nach dem Dorf hinunterschicken, lassen Sie mir doch meine Post mitbringen und die Sachen, die ich dem Juchtenstiebel auf einen Zettel geschrieben."

„Wird gern besorgt", meine Peltern.

„Ja, und wenn ich erst meinen Jagdanzug und meine Hosen habe, Herr Wilder, dann werde ich immer selbst hinunterreiten und die Besorgungen machen!"

Ich grinste diabolisch. „Das tun Sie nur, Gnädigste, aber ich fürchte, wenn Sie den Spaß einmal probiert haben, wird Ihr Sehnen gestillt sein. Acht Stunden im Sattel ist kein Pappenstiel, na auf Wiedersehen übermorgen und Weidmannsheil!"

In der Küche suchte ich noch meinen Kakao, fand aber nur noch die leere Büchse. „Den hat die Jnädije verkocht," brummte Juchtenstiebel, „det is det eenzige, wat se kochen kann, drum besorijt sie's ooch jründlich; vier-, fünfmal am Tage macht se sich 'n janzen Topp voll, und dazu frißt se die Zuckerdose leer, immer mit Franzen um die Wette. Der hat heut ooch schon 'n paar Maulschellen von mich jekriejt, aus jeden Topp nascht det Luder, wenn es kann."

„Wo ist denn der Ballon mit dem Muskateller, ich wollte mir eine Flasche mitnehmen?"

„Ooch ausjesoffen", rapportierte jener. „Jestern abend und heute mittag haben sie's jeschafft. Ick hab's zu spät jemorken, sonst hätte ick de Pulle wechjesteckt. Det wird Ihnen mit de anderen juten Sachen ooch so jehen, jnädjer Herr, die fressen uff, wat nich niet- und nagelfest is, selbst mitjebrungen haben se so jut wie jarnix."

Ärgerlich schulterte ich Büchse und Rucksack und verließ das

56

Wildtransport   Raubschütz

Heimkehr bei Frühschnee in der Brunft

Blockhaus. Man konnte das eigene Haus nicht mehr betreten, ohne daß einem die Laune verdorben wurde, das war ja einfach scheußlich, und an allen Stänkereien war bloß das ekelhafte Frauenzimmer schuld. Wenn's wenigstens noch ein nettes, frisches Ding gewesen wäre, mit Herz und Humor, aber nein, so 'ne richtige, mißvergnügte, mißgünstige Spinatwachtel. Wenn ich bloß an die falschen Augen und den ekelhaften Zug um den Mund dachte, wurde mir übel. Na, Gott sei Dank, daß die Geschmäcker verschieden waren! –

Auf dem Rückweg lauschte ich auf jeder Kuppe mindestens ein Viertelstündchen in die Ferne, doch nirgends schrie ein Hirsch. Das Wetter war umgeschlagen, am Himmel jagten trübe, graue Regenwolken, auf den Bergen pfiff, im Walde heulte der Wind, der Horizont lag in blauschwarzem Dunst, schon die nächsten Bergketten steckten in den Wolken. Das war höchst unbehaglich. Natürlich dauerte es nicht mehr lange, dann fing's auch noch zu regnen an, der Spaß dauerte gewöhnlich drei, vier Tage, das kannte ich schon; dabei fast unter freiem Himmel zu kampieren, war nicht gerade verlockend. Ich ärgerte mich schlagrührend, diesmal meine wasserdichte Wagenplane vergessen zu haben, die hatte mir noch allemal in jeder Not ein Zelt ersetzt; nun – das war nicht mehr zu ändern, also glücklich ist, wer vergißt, was einmal nicht zu ändern ist. Mit diesem schönen Wahlspruch kroch ich auch schließlich in mein Feldbett, zog mir die Decke über die Ohren und schlief trotz Sturmgebraus und Pladderregens ganz vorzüglich.

Entsetzt fuhr ich am nächsten Morgen aus den Federn, es schien schon mächtig spät zu sein, so hell war es. Doch als ich den Kopf aus der Hütte steckte, war ringsum alles weiß von Schnee; darüber glänzten Milliarden von Sternen, kein Lüftchen regte sich und – ringsum röhrten die Hirsche. Es war schon 4 Uhr, also keine Zeit zu verlieren. Schnell steckte ich meinen Spirituskocher an, kochte mir Kaffee und eilte dann auf dem nächsten Wege so rasch es ging zu meinem Hirsch von gestern. Auf dem Schlag röhrte ein der Stimme nach schwächerer Hirsch, da, wo ich so lange gestern neben dem Hirsch gesessen, orgelte der Alte mit tiefem Baß, und ganz drüben, wo der Bach einen Knick machte, ließ sich ein dritter, anscheinend auch guter Hirsch vernehmen. Das genügte ja für eine Vormittagsunterhaltung. Diesmal war ich gleich auf der anderen Bergseite herumgepirscht und befand mich bald etwa 300 bis 400 m oberhalb des Hirsches. Hier hörte auch der Schnee auf, nur oben auf den höchsten Kuppen war er liegen geblieben.

Ich setzte mich in den Schatten von ein paar dichten Fichten, wartete, lauschte und rauchte. Was sonst noch im Revier röhrte, kümmerte mich nicht, jetzt gehörte mein ganzes Interesse nur diesem einen Graben. Drüben, wo die zwei Hirsche tobten, führte einer meiner neuen Pirschsteige herum, aber gerade da, wo der zweifellos stärkste Hirsch stand, war das Steighacken unterblieben. Ich entsann mich noch, daß ich gerade diesen Hang hatte vornehmen wollen, als der alte Istvan dazu kam und erklärte, hier wäre gewöhnlich doch nichts los, man sollte lieber jenseits der hohen Kuppe die beiden Gräben noch mit Steigen zurecht machen, da schrien die Hirsche stets mit besonderer Vorliebe. Diese Unterlassungssünde rächte sich nun, denn so viel hatte ich gestern schon gesehen, der ganze Hang war ein fürchterliches Tohuwabohu von Wind- und Schneebrüchen.

Nach Eintritt des Büchsenlichtes mußte ich den Hirsch vollständig umgehen, um guten Wind zu haben, dann stieg ich bis in die gleiche Höhe mit ihm hinab und pirschte auf ihn los. Er zog aber immer vor mir fort und allmählich auch immer tiefer in den Graben, anscheinend nach dem Schlag hinüber, wo sein schwächerer Rivale jetzt nur noch seltener meldete. Plötzlich kolossaler Radau drüben. Laut röhrend und schreiend trieb der Starke den Schwachen über den Schlag und den steilen Berg hinauf. Zu sehen war von diesem Schauspiel bei der großen Entfernung natürlich nichts, aber es konnte gar nicht anders sein, denn nunmehr schrie nur noch der Starke dort, und zwar ziemlich hoch oben auf dem Berge. Nun sagte mir all mein Hirschverstand: Bleibe ruhig wo du bist, der Alte wird schon zurückkommen, nachdem er den anderen auf den Trab gebracht hat; aber irgendein böser Geist oder vielleicht auch eine Hexe, was weiß ich, redete mir ein: Du kannst es doch ebensogut versuchen, ihm von der anderen Seite zu kommen. Vorsichtshalber probierte ich es erst nochmal ein wenig mit der Muschel; das ist ein Raufbold, dachte ich, der wird kommen, er antwortete auch ein paarmal auf mein zaghaftes Röhren, blieb aber im übrigen ruhig, wo er war.

Also vorwärts den Berg hinauf und oben herummarschiert! Kaum war ich drüben, was nota bene eine Stunde dauerte, kam wieder die Sonne über den Berg geklettert und beschien voll und warm den jenseitigen Hang. Teufel, fiel mir ein, das hast du ganz vergessen. Jetzt zieht der Hirsch bestimmt hinüber und setzt sich irgendwo in die Sonne schlafen. Dieses trat auch mit auffallender Sicherheit und Schnelligkeit ein, ich hatte mir das Stündchen Marsch ganz umsonst gemacht und konnte sofort wieder umkehren.

Nach weiteren zwei Stunden war die Situation genau dieselbe wie am Tage vorher: Der Hirsch schlief in einem ganz unzugänglichen Windbruch, ich saß kaum achtzig Schritte davon und wartete, diesmal allerdings im Vollbesitz meiner Habseligkeiten, so daß ich mir die Zeit mit Rauchen, Trinken und Notizen in mein Taschenbuch schreiben vertreiben konnte. Der Hirsch hatte nur ein Stück Kahlwild bei sich, ich hatte es über eine Schluppe ziehen sehen, und auch ihn selbst oder vielmehr seinen Kopf mit dem weit ausgelegten Vierzehner-Geweih einen kurzen Moment bewundern können. Um 2 Uhr nachmittags meldete drüben auf der anderen Seite der abgeschlagene Hirsch einmal zaghaft hoch oben auf dem Berge, und gleich fing auch der meinige wieder an zu orgeln. Mit jedem Schrei kam ich ihm näher, einmal kam er mir sogar ein Stückchen entgegengezogen, nun hörte ich ihn auch schon brechen, knacken und mit dem Geweih anstreichen, ich stach die Büchse und machte mich fertig, – da, plötzlich – wie vom Wind herübergeweht ein verlorener Hundeblaff, – täuschte ich mich? – Nein, jetzt wieder! Jetzt unaufhörliches Geläut! Drüben jagte ein Hund! –

Ich stand wie versteinert, die Röte der Wut stieg mir ins Gesicht, im Hals bekam ich ein Schlucken, krampfhaft umspannte die

Faust die Büchse. Es half nichts mehr, der Hirsch mußte sofort auf den ersten Hundeblaff gewandt haben, im nächsten Augenblick hörte ich ihn flüchtig abtrollen. Alle Hirsche verschwiegen natürlich, und nur der Hetzlaut des Hundes hallte von den Wänden wieder. Ich glaube nie vorher und nie nachher in meinem Leben bin ich so gerannt wie an diesem Tage den Berg hinunter, drüben hinauf, wieder hinunter und zurück, ich weiß nicht, wo ich damals die Lunge hernahm, es ging alles wie der Deubel. Jetzt hörte ich unter mir flüchtig Rotwild durch das Dickicht brechen, da in der Schluppe sah ich sie auch noch huschen, zwei Stück Wild und einen recht guten Achter; an Schießen dachte ich gar nicht, ich hätte auch unter anderen Umständen nicht geschossen, dazu war mir der Hirsch nicht gut genug, – aber nun hörte ich von rechts den Hund, und es war klar, daß er auf der frischen Fährte folgen würde. Mit wenigen Sätzen hatte ich mir eine gute Position und leidlichen Ausblick gesichert, da hörte ich ihn auch schon hecheln. Büchse an den Kopf und – rumms – der hatte ausgelitten, der ließ meine Hirsche in Zukunft zufrieden. Als ich herantrat, lag vor mir die „Flora" der Brunfthexe!

IX.

Hätte ich mir nicht meine Post und Proviant holen müssen, keine Macht der Welt hätte mich noch einmal in Pelterns Blockhaus gebracht. Die Gesellschaft ging mir nunmehr auf die Nerven, am liebsten sah und hörte ich nichts von ihnen. Notgedrungen mußte ich aber am Tage nach dem Tod der „Flora" wieder dort vorsprechen.

Neben dem Blockhaus wuchtete Juchtenstiebel in Hemdsärmeln in einem riesigen Kübel mit feuchtem Lehm herum. „Nanu," fragte ich erstaunt, „was soll denn das werden?"

„Jehn Se man in de Küche, denn werden Sie's wissen", meinte er phlegmatisch und wischte sich mit dem Rücken der Hand die Nase.

Neugierig ging ich hinein, prallte à tempo aber entsetzt wieder zurück. „Donnerwetter, wie ist denn das passiert?"

Juchtenstiebel war neben mich getreten und grinste vergnüglich: „Nu det is von wejen, daß der Jnädjen det Feuer nich brennen wollte, da hat se 'n kleenen Pott voll Spiritus rinjejossen, und da is der Ofen een bisken explodiert; ja det helft nu nischt, da muß ick een neuen bauen. Aberst allens, was in de Küche war, is kurz und kleen jeschmettert, unser janzes jutes Jeschirr, bloß die Jnädje hat nischt nich abjekriegt, die is bloß uffn Strohsack jeflogen, und da lag se, als ick uff den Knall hier rinjestürmt kam. Die janze Bude brannte lichterloh, und ick wußte nich recht, ob ick erst det Weibsbild oder erst die Bude retten sollte. Ich entschloß mir aber vor die Bude, von wejen die uns doch nötiger is; da habe ick denn zwee Kübel voll Wasser in det Feuer und nebenbei ooch noch schnell eenen über den Strohsack ausjekippt, damit hatte ick det Feuer dot und die Jnädje lebendig. Schwupp war se raus aus de Küche wie'n Karnickel vors Frettchen, und da wird se nu so bald wohl nich wieder rin kommen."

Kein Mensch kann sich einen Begriff davon machen, wie die Küche aussah. Der ganze Ofen war ein Trümmerhaufen, die Wände waren geschwärzt vom Feuer, auf den Wandbrettern lagen die Scherben meines Geschirrs. In den Ärger mischte sich ein bißchen Schadenfreude, allzu gemütlich hatten sie es nun wenigstens auch nicht in ihrer Bude. Als ich ins Zimmer trat, stürmte mir Frau Thilda entgegen: „Denken Sie bloß, was mir passiert ist!"

„Weiß schon," wehrte ich ab, „weiß schon, habe schon alles gesehen, Sie brauchen's mir gar nicht nochmal zu erzählen. Ich wollte Ihnen nur die freudige Mitteilung machen, daß ich gestern Ihre Hundetöle totgeschossen habe, das Aas jagte mir meine Hirsche; ich habe Sie ja gleich gewarnt."

Die Frau stand sprachlos. „Siehst du," meinte Peltern, „ich habe dir gleich gesagt, du sollst den Hund dem Franz nicht mitgeben, natürlich hat er nicht auf ihn aufgepaßt; das hast du nun davon!"

Ohne ein Wort der Erwiderung ging sie aus dem Zimmer. Ich rieb mir vergnügt die Hände und sagte lächelnd zu Peltern: „Na, sind Sie nun allmählich auch schon dahintergekommen, daß die größte Dummheit Ihres Lebens die Idee war, dieses Mädel mitzubringen? Wenn wir sie nur erst wieder los wären", setzte ich seufzend hinzu.

Peltern lief, die Hände in den Hosentaschen, aufgeregt im Zimmer auf und ab: „Ja, ich hab's ihr schon nahegelegt, aber ohne mich fährt sie nicht. Ich habe das in Berlin ja auch bloß im Spaß gefragt, ob sie mitkommen wolle. Aber nachher ließ sie nicht mehr locker, und jetzt werde ich sie nicht mehr los. Gestern nachmittag hat sie mir einen Hirsch vergrämt, das war zu ärgerlich. Denken Sie, da röhrte am Morgen hier unten an dem großen Schlag einer ganz gut. Aber als wir hinkamen, so um neun, da verschwieg er schon. Nun meinte Juchtenstiebel, ich solle bis zum Abend am Schlage sitzen bleiben, es ist da nämlich auch eine Suhle drauf. Das hätte mir aber zu lange gedauert, und so ging ich erst nach Hause essen. Kaum hört die Thilda, daß ich mich hier in der Nähe ansetzen will, ruht sie nicht eher, bis ich sie mitnehme. Wir gehen denn auch hin und setzen uns gut gedeckt an. Schon um $^1/_2 3$ Uhr fing der Hirsch wieder an zu melden, gar nicht weit vom Schlage. Dann verschwieg er ein Weilchen, und plötzlich höre ich ihn hinter uns anwechseln. Auf einmal ruft die Thilda, die fünf Schritte hinter mir sitzt: „Du, Theobald, hörst du, hinter uns kommt einer durch den Wald gegangen!" Natürlich war der Hirsch zum Teufel. Zu dumm, zu dumm. Mit dem Jäger hat sie auch egal Krach. Heute hat er mir erklärt, wenn sie nochmal in die Küche käme, nähme er seine Sachen und zöge los zu Ihnen. Ist das nicht unverschämt?"

„Kann ich ihm nicht verdenken," sagte ich achselzuckend, „sehen Sie sich doch die Bescherung an. Jetzt kann der arme Kerl sehen, wie er den Ofen wieder zusammenflickt, ohne Ziegelsteine und ohne Kalk ist das nicht so einfach. Das ganze Geschirr ist auch zum Deibel, worin soll er denn nun kochen? Mir hat Ihre Donna nun auch schon zwei Hirsche vergrämt, einen durch den Franz und einen durch den Köter. Na, soviel weiß ich genau, und das schwöre ich heute mit drei heiligen Eiden, wenn ich mir noch mal Partner in meine Reviere auf den Hals laden muß, nur unter der

Bedingung, daß sie keine Weiber mitbringen. Die sind im Blockhaus überflüssig und stören bloß die ganze Gemütlichkeit."

In diesem Augenblicke kam die Thilda mit einem Jubelgeheul
ins Zimmer gestürmt: „Hurra, mein Anzug ist da, meine Hosen!
Raus, Herr Wilder, ich will mich gleich umziehen, mal sehen, wie
alles paßt!"

Kopfschüttelnd verließ ich das Zimmer; wenn die Menschen
verrückt werden, werden sie zuerst im Kopf verrückt, die war aber
mindestens schon bis in die kleinen Zehenspitzen übergeschnappt.
Den Juchtenstiebel verhörte ich lang und breit über seine Hirsche,
er lamentierte bloß, Hirsche wären genug da, geschrien hätten sie
auch ganz gut, aber das wäre doch kein Weidwerk, morgens um 6
oder $^1/_2$7 Uhr erst losmarschieren, mittags wieder nach Hause,
nachmittags abermals los und vor Schluß des Büchsenlichtes fort,
damit man nicht im Düstern heimwärts zu tappen brauchte. Von
Konsequenz wäre schon überhaupt keine Rede, einmal wolle der
Baron in diesem, dann in jenem Graben prischen, ob da etwas
röhrte oder nicht, wäre ihm Wurst. Hirsche, die etwas weit vom
Blockhause orgelten, wären ihm überhaupt gleichgültig, er mache
auch gar nicht einmal den Versuch, beizeiten nach ihnen aufzubre-
chen. Nachmittags würde dann meist das Frauenzimmer auch
noch mitgeschleppt und abens säßen sie bald bis Mitternacht zusammen und quatschten. „Ne, jnädjer Herr," schloß er seinen
Sermon, „der kriegt keenen Hirsch, un wenn er noch hundert
Jahre hier bleibt. Ich weeß det immer schonst nach dem ersten
Pirschjang, wat an die Brüder dran is. Ibrijens, det wird Sie ooch
noch interessieren, jeizig sind die beeden, daß es eenen Hund
jammern dhut. Heut war der Istvan hier und wollte die sechs Tage
für sein Pferd bezahlt haben, Tag vor Tag vier Kronen. Da hat er
jesagt, er hätte det Pferd bloß zwee Tage jebraucht, un die hat er
bezahlt, die andern viere aber nich. Un als der Istvan Krach jeschlagen hat, hat er'n rausjeschmissen. 'n Weilecken später kam
die olle Frau, von die immer die Milch un die Eier un die Kartof-
feln jeholt werden, wat soll ick Ihnen sajen, die hat er ooch sechs
Kronen zu wenig bezahlt. So viel hätte er nich jekriegt, behauptet

er. Die machen uns die janzen Menschen verrückt, schließlich will uns keener mehr wat liefern. Ne, jnädjer Herr, mit dem Baron, da haben Sie sich ordentlich bekooft, den werd'n Se so bald nich verjessen!"

Der Gute hatte recht; so bin ich mit meinen Partnern noch nie reingefallen, und vergessen werde ich ihn wohl auch nicht so leicht. Ich bin auch im Leben selten mit Jägern zusammengekommen, die im Umgang so wenig sympathisch waren wie Peltern. Er war verschlossen und unaufrichtig, besaß einen überlebensgroßen Dünkel, war, was ich im großen und ganzen unter dem Sammelnamen Fatzke verstehe, nebenbei kriechend freundlich und höflich, was mir schon ganz und gar widerwärtig ist. Daß wir da miteinander nicht warm wurden, ist verständlich. Wäre das Weib nicht gewesen, ich glaube, es wäre noch eher gegangen und man hätte jedenfalls eine gemeinsame Basis gefunden, auf der man hätte operieren können; bei einigermaßen gutem Willen wäre das möglich gewesen, aber das war eine abgefeimte Kanaille, die, kaum daß man ihr den Rücken drehte, in der boshaftesten Weise über einen herfiel.

„Gott sei Dank," sagte ich schließlich zu Juchtenstiebel, „mein neues Blockhaus schreitet rüstig vorwärts, ich denke, so in acht Tagen kann ich einziehen. Gestern habe ich da unten im X-Graben an der Grenze das Häuschen von einem Wegewärter entdeckt. Ich habe mit dem Mann gesprochen, da kann man auch notdürftig ein paar Tage kampieren, das ist immer noch besser, wie in meiner Hirtenhütte."

„Und wann wollen Se da rinziehen, jnädjer Herr?"

„Heut abend schon. Er ist mit seinem Pferd nach der Hütte geritten und holt meine Sachen. Der Hund hat mir die ganzen Hirsche zum Deubel gejagt. Ich muß wieder neue suchen."

„Det paßt ja janz jut," überlegte jener, „da kann der Bote, wenn er nachs Dorf looft, immer rangucken, ob ooch wat für Sie zu besorjen ist. Ick werd's ihm jleich sajen."

„Wollen Sie nicht reinkommen?" rief Peltern. „Hier ist auch Ihre Post!"

„Na, wie gefalle ich Ihnen?" fragte die Hexe, sich im Jagdanzug mit kurzen Hosen und Kniestrümpfen präsentierend.

„Von vorne schlecht," sagte ich schmunzelnd, „von hinten auch nicht besser. Aber trösten Sie sich, es beruht ja auf Gegenseitigkeit, und das ist mir auch ein Gefühl der Beruhigung. Gefallen werden Sie mir erst dann, wenn ich meinen ersten Hirsch geschossen habe."

„Warum denn dann?"

„Ja, weil ich dann alles im rostigsten Lichte sehe", und ich setzte mich an den Tisch und nahm meine Briefe vor. Ein Telegramm, von wem war denn das?

„Einladung dankend angenommen," las ich, „eintreffe morgen Przemysl, übermorgen bei dir, Weidmannsheil! Wanderjäger."

„Wer ist denn das?" fragte Frau Thilda.

„Der Wanderjäger, den kennen Sie nicht? O, na, da werden Sie noch Ihre Freude haben; das ist ein sehr netter und höflicher Mensch, besonders gegen Damen, das ganze Gegenteil von mir. Ich entsinne mich zwar gar nicht, ihn eingeladen zu haben, aber das macht er öfter so, eines schönen Tages ist er einfach da. Und man kann ihm auch nicht böse sein, er steckt so voller Schnurren und Späße, hat stets einen Ulk vor, immer die Taschen voller Gold, viel Gold, nie ein reines Gewissen, dafür aber einen sonnigen Humor. Von der Jagd versteht er einiges, und mit meinen Hirschen, wenigstens in Deutschland oder auch mit denen meiner Nachbarn, hat er sich hin und wieder etwas näher angebiedert. Große Ansprüche macht er nicht. Na, meinetwegen mag er kommen."

„Und wie teilen wir dann das Revier?" fragte Peltern knitschig; dem war es natürlich schon wieder nicht recht, daß noch einer kam. Am liebsten hätte er die ganzen 30000 Morgen für seine 1500 Mark allein bejagt.

„Das bleibt genau so wie bisher," sagte ich kühl, „auf meiner Hälfte ist für den Wanderjäger auch noch Platz genug. Einen Jäger zur Führung braucht er nicht. Dem sage ich bloß: im Norden ist eine Grenze, im Süden, Osten und Westen auch, nun respektiere sie gut und schieße mir keinen geringeren Hirsch als einen Zwölfer. Diese Instruktion genügt für den Mann, dann bekomme ich ihn die nächsten zwei oder dreimal vierundzwanzig Stunden nicht mehr zu sehen, läßt er sich aber endlich wieder blicken, dann ist er auch im Revier orientiert und hat bereits eine Ecke herausgefunden, die sein ganz besonderes Wohlgefallen erregt; die frequentiert er auch so ausgiebig, daß der Erfolg gewöhnlich nicht lange auf sich warten läßt. Übrigens, damit Sie sich nicht ängstigen, werde ich ihm die beiden Gräben und den Höhenzug, der Ihr Revier von dem meinigen trennt, ganz besonders genau zeigen." –

Peltern rüstete zum Aufbruch, so packte auch ich meine Briefe, Zeitungen, Proviant usw. zusammen, stopfte alles in den Rucksack und verabschiedete mich von dem ungastlichen Hause. Zu essen bekam man dort nämlich nichts, zu trinken höchstens Kakao. Den ließ ich mir allenfalls ganz frühmorgens gefallen, sonst verzichtete ich lieber darauf. Schnaps oder Zigarren oder Zigaretten auch „vacat", ich weiß noch heute nicht, wovon die Leute gelebt haben. Wahrscheinlich hatten sie die Koffer voller Würste, Schinken und ähnlicher guter Dinge und waren bloß zu geizig, anderen Leuten etwas davon abzugeben. Meinen Vorräten hingegen, die ganz frei und offen auf den Wandbrettern herumstanden und lagen, sprachen sie um so eifriger zu. Bald war ein Honigtopf, eine Marmeladenbüchse, bald eine Saftflasche oder eine Keksdose leer, immer, wenn ich gerade mal auf irgendeine ausgefallene Sache Appetit hatte und sie in meinem Depot suchte, mußte ich zu meinem größten Bedauern merken, daß sie anderweitige Liebhaber gefunden hatte.

X.

Den paar guten Tagen, wo die Hirsche geröhrt hatten wie die Glocken, folgten nunmehr, wie das nicht anders zu erwarten war, ein paar minderwertige. Einen Tag und eine Nacht heulte ein unheimlicher Sturm durch die Berge, Schnee und Regenböen wechselten ab mit Sonnenschein, im Wald krachte und donnerte es unaufhörlich wie bei einem Gewitter von fallenden Stämmen. Jeder Pirschgang, jeder Ansitz war mit Lebensgefahr verbunden, ein Aufenthalt im Walde ohne Büchsenlicht bei völliger Dunkelheit war direkter Selbstmord. Noch nie in meinem Leben hatte ich ein Revier gefunden, das bei Sturm so gefährlich war wie dieses. Überall im Walde standen kernfaule und massenhaft ganz vertrocknete Stämme herum, deren Verwitterungsprozeß ständig fortschritt. Selbst bei ganz schönem Wetter und absoluter Windstille krachte manchmal ein solcher Riese ohne jede sichtbare Veranlassung in sich zusammen. Hatte nun wochen- oder gar monatelang schönes Wetter geherrscht, so kann man sich denken, wieviel Stämme nun wieder bruchreif waren. Es krachte wie im Manöver bei der Artillerie, und mehr als einmal prasselten in meiner unmittelbaren Nähe trockene Stämme zur Erde, Tod und Verderben um sich verbreitend. Manche Stunde saß ich mitten in freien Schlägen, im Umkreis möglichst vor derartigen Überraschungen gedeckt und lauschte dem grandiosen Schauspiel; der Aufruhr in der Natur war prachtvoll, der Sturm pfiff und heulte durch die trockenen Wipfel, ringsum stöhnte und ächzte der Wald. Wie Reitergeschwader des Todes rasten graue Nebelwolken durch die Schluchten, ballten sich vor den Schroffen und Kuppen der Berge zusammen und verschwanden in wildem Durcheinander lautlos wie sie gekommen. Und immer neue strömten herbei und warfen sich todesmutig in das Getümmel, als wollten sie mit ihrem dicken, grauen Dunst die ganze Welt ersticken. Nun plötzlich ein scharfer Windstoß, ein strahlender Sonnenblitz durch die Wolken und in kopfloser Flucht, in Fetzen gerissen, jagten sie davon, und hinterher lachte minutenlang der blaue Himmel. So ging es den ganzen Tag, und man wurde nicht müde, zuzuschauen.

Heimlich dachte ich auch, daß den Hirschen beim Krachen im Walde doch vielleicht auch unheimlich werden und sie ebenso wie ich zur Sicherheit auf die freien Schläge herauswechseln würden. Das war aber ein Irrtum. Während des ganzen Sturmes habe ich nicht ein rotes Haar zu sehen bekommen, und den anderen war es, wie ich später hörte, ebenso ergangen. Ich glaube, das Wild tritt

bei solchem Wetter erstlich unter Wind, also auf die windge-
schützten Hänge der Berge und dann dort in das niedere Jungholz,
bei uns würde man sagen Dickungen, wo ihnen natürlich keine
Gefahr von fallenden Bäumen droht.

Bei meinem Wegewärter wohnte es sich ganz behaglich, man
hatte doch ein Dach über dem Kopfe. Brot, Milch, Eier und Kar-
toffeln konnte man auch bekommen, und in dem kleinen Zimmer-
chen, in dem ich hauste, war sogar ein eiserner Herd, ich war also
nicht auf die etwas zweifelhaften Kochkünste der Frau Jirwak angewiesen. Hier konnte auch der Wanderjäger zunächst unterkommen, ein zweites Feldbett hatte gerade noch Platz. Von hier
bis zum Blockhaus war es gar nicht weit, eine halbe Stunde die Reviergrenze entlang und dann noch eine gute halbe Stunde den Berg
hinauf, und schon war man da. Das war insofern ganz angenehm,
als man immer unterrichtet war, was da oben passierte, und auch
dem täglich ins Dorf reitenden Boten seine Aufträge direkt mitgeben und die Sachen ebenso wieder direkt sich aushändigen lassen
konnte. Das war recht notwendig, denn Frau Thilda nahm sonst
summarisch alles, was er brachte, in Empfang, und was erst in deren Händen war, bekam man so leicht nicht heraus. Bald hatte sie
mir mein Rindfleisch, auf das ich sehnlichst lauerte, weggefressen,
bald das Gemüse, bald die Kiste Äpfel, die mit Post von Berlin kam
und an mich adressiert war, was sie weiter nicht genierte; sogar
den Wein, den ich mir aus Krakau schicken ließ, hatte sie annek-
tiert und mit ihrem Kumpan ausgesogen. Gröbliches Schimpfen
meinerseits beantwortete sie nur durch schnippische Redensarten,
sie könne nicht wissen, was für mich und was für Peltern sei, wenn
ich Verwechslungen vermeiden wolle, dann sollte ich doch einen
eigenen Boten schicken.

„Schön, mein Engel," gab ich ingrimmig zur Antwort, „wie Sie
wollen! Dies ganze Personal, das bei Ihnen rumwurzelt, ist in meinem Dienst; vertraglich brauch ich Ihnen nur einen Jäger zu stellen, den haben Sie ja in Juchtenstiebel. Von nun an können Sie die
anderen Leute da oben aus Ihrer eigenen Tasche bezahlen, ich
rücke keinen roten Heller mehr heraus. Ich bin doch nicht ganz

und gar verrückt. Sie werden die Leute benutzen, und ich werde sie bezahlen! Nein, das hat nunmehr ein Ende. Der Istvan bekommt 5 Kronen, der Ruthene 3 Kronen 50 Heller, der Franz 2 Kronen 50 Heller täglich und jedes Pferd kostet ebenfalls 4 Kronen. Ich sage den Leuten heute noch Bescheid, daß sie sich das Geld von Peltern einfordern sollen". Und grußlos hatte ich sie stehen lassen und war meiner Wege gegangen.

Der Erfolg war der, daß am Abend Juchtenstiebel mit seinen Sachen erschien und sich in aller Form bei mir zum Dienst meldete.

„Sind Sie verrückt geworden?" schnauzte ich ihn an. „Was soll das heißen?"

„Det soll bloß heeßen," griente der ganz unbekümmert, „det mir der jnädje Herr Baron rausjeschmissen haben. Er meente, mir könne er nich jebrauchen, ick hätte keene Ahnung nich von de Hirsche un ooch nich von't Revier, ick solle mir man sonstwohin trollen, er würde den Istvan behalten."

„Das ist ja prachtvoll," sagte ich erfreut, „dann suchen Sie sich nur gleich hier irgendwo eine Ecke, wo Sie nächtigen können, und morgen früh holen Sie den Herrn Wanderjäger, der wollte ja schon gestern da sein, aber er hat wohl wieder irgendwo den Anschluß verpaßt."

„Wird besorjt, jnädjer Herr, un schlafen kann ick uff dem Heuboden, ick hab' ihn schonst besichtigt. Na, un der Ruthene mit das eene Pferd is ooch draußen, die braucht er ooch nich mehr."

Da mußte ich aus vollem Halse lachen, daß ich den Burschen auf seinen Geiz richtig taxiert hatte. Nun, da er das Personal aus seiner eigenen Tasche bezahlen sollte, war es ihm mit einem Male zu kostspielig. Na der Ruthene und sein Pferd wurden sofort zum neuen Blockhaus beordert, die waren also auch untergebracht.

Als ich in der nächsten Nacht um drei aus dem Fenster sah, flimmerten die Sterne am Himmel und kein Lüftchen ging. Kein Zweifel, ein wonniger Brunftmorgen stand in Aussicht.

In dem Tal, das ich heraufschritt, lag dicker Nebel über dem Wasser; das war weiter nicht ängstlich, klomm man den Berg hinauf, kam man nach dem ersten Drittel aus dem Nebel heraus, das

Volkstypen aus den Karpathen

Cibobach – Jagdgrenze

kannte ich schon. Unter mir rauschte der Wildbach so laut, daß von etwaigem Röhren der Hirsche doch nichts zu hören gewesen wäre. Ich schritt schnell aus, das nächste Tal rechts herein und nun den Pirschsteig in steilen Serpentinen hinauf nach der Kuppe. Dort saß ich gerade auf meiner und Pelterns Grenze gegenüber dem Blockhaus; zwischen uns lag ein riesiger Kessel, auf dessen Grunde ebenfalls ein Wildbach schäumend talab rauschte. Dieser Kessel war, nach Aussage des alten Istvan, stets der beste Brunftplatz gewesen; gerade dort hatten immer die stärksten Hirsche geröhrt, dort hatte auch meist die Brunft begonnen, erbitterte Kämpfe hatten des öfteren in ihm getobt, geforkelte Hirsche waren bisweilen gefunden, und der letzte Schrei in dem ganzen Revier, der ein Echo weckte, meist wurde er in diesem Kessel getan. Merkwürdigerweise hatte er in diesem Jahre seinem Ruf noch keine Ehre gemacht, nur der eine Hirsch, den der Peltern beinahe geschossen, hatte bis jetzt dort gemeldet. Den hörte ich auch gleich, als ich auf die Kuppe trat, um mir einen gemütlichen Platz zu suchen, tief unten im Graben mächtig röhren. Der Stimme nach war es ein guter Hirsch, beschwören kann man das zwar nie, denn die Stimmen sowohl wie auch die Fährte täuschen mitunter, aber so einigermaßen kann man ihn doch danach ansprechen. Na, es war ja egal, ob er zwanzig oder bloß zehn Enden trug, der Hirsch ging mich nichts an, er schrie bei Peltern! Und er schrie für den so bequem, mitten auf dem von ihm neulich erwähnten Schlage, daß er, wenn er schon unterwegs war, ihn bei Büchsenlicht unschwer strecken konnte. Lief doch der Pirschsteig mitten durch den Schlag. Noch weiter nach der Reviergrenze zu meldete auch ein Hirsch, unter dem mußte ich von meinem Wegewärter vorbeigekommen sein, hatte vor dem Rauschen des Flüßchens aber natürlich nichts von ihm gehört. Es war ebenfalls gleichgültig, der Revierteil gehörte dem Peltern. Es war ein Jammer, daß man dort so einen jagdlichen Trottel pirschen hatte, der die Chancen, die sich ihm boten, nicht auszunützen verstand; er verkörperte in so vollkommener Weise den Typus der eingebildeten, aber unfähigen reichsdeutschen Jäger, die im ungarischen Urwald Brunfthirsche schießen wollen, in sich, wie er in solcher Reinkultur gezüchtet mir bis dato im Leben noch nie begegnet war. Und solche Wurzen sind nachher am heimischen Herd oder im heimischen jagdlichen Käseblatt die schlimmsten Schimpfer und Stänker! –

Zu meiner Rechten in meinem Machtbereich war alles totenstill. Bedauerlich zwar, aber es war nicht zu ändern. So blieb ich ruhig sitzen, wo ich saß, und lauschte meinen Hirschen; die Phantasie wob ihnen märchenhafte Geweihe auf den Kopf, die im nächsten Jahre, da Peltern sie nicht schoß, zu noch märchenhafterer Stärke heranwuchsen, und in Gedanken fanden sie alle den Weg in die Burg meiner Väter. Plötzlich fiel mir ein, du mußt doch mal sehen, ob im Blockhaus drüben schon Licht ist. Mein Zeißsches Silvamar, das für den Jäger vorzüglichste Pirschglas, das je eine optische Werkstatt verlassen hat, zeigte mir nur einen schwachen Lichtschimmer an der Ostseite des Hauses, wo die Küche lag; Istvan war munter, aber die gnädige Herrschaft schlief noch.

„Himmeldonnerwetter," fluchte ich, „man müßte doch wahrhaftig hinunterpirschen und dem Trottel den Hirsch vor der Nase totschießen." Ich sah nach der Uhr – halb sechs, in einer knappen halben Stunde war Büchsenlicht!

Aber jetzt flammten drüben auch die anderen Fenster auf, und vor der Hütte, in der Franz und der Ruthene für gewöhnlich hausten, lohte ebenfalls ein helles Feuer. Nun war die Gesellschaft munter. Das merkte man auch gleich, denn durch die totenstille Nacht, die kein Laut, nicht das leiseste Säuseln eines Windhauches unterbrach, schallten zwei-, drei-, viermal lautes Tür-Auf- und Zuschlagen zu mir herüber. Trotz der riesigen Entfernung hörte man jeden Ton, allerdings kam der Wind von dort. Jetzt schallten auch Stimmen herüber; der Lichtschein wurde heller, die Zimmertür stand wohl offen, und der Baron rief dem Istvan seine Befehle zu: Heißes Wasser, Kakao, Zucker, Brot, Butter usw. Ich konnte die Worte zwar nicht verstehen, aber ich dachte es mir so.

Der Hirsch unten auf dem Schlage verschwieg bei dem lauten Hüttenzauber allmählich, was ich ihm nicht verdenken konnte. Plötzlich kam auch von unten aus meinem Tal ein lauter Groner, daß ich erfreut zusammenfuhr und sofort der Diana ein Rauchopfer in Gestalt einer Zigarette brachte. Den Fleck, wo der Hirsch gemeldet, konnte ich noch nicht ausmachen. Also warten. Es wurde heller und immer heller, drüben die Kuppen und Zinnen der höchsten Berge flammten schon in rosigem Licht, – Büchsenlicht war längst – aber ich mußte ausharren, aufs Geratewohl ins Dickicht hineinzulaufen, hatte keinen Zweck. Inzwischen unterhielt ich mich mit der Beobachtung des Blockhauses und dem Dampfen einer Morgenzigarre. Ein Pferd wurde hin und her geführt, jetzt unterschied ich auch Menschen vor dem Haus, – hallo, Frau Thilda wurde aufs Pferd gehoben und ritt stolz nach unten ins Dorf, um Einkäufe zu machen; ihr sehnlichster Wunsch, seit sie das Blockhaus betreten, ihr Gedanke bei Tag und bei Nacht, endlich ging er in Erfüllung, sie konnte im schicken Jagdkostüm vor den Kenneraugen der Ruthenen, Huzulen eines der kleinen Karpathennester in Hosen paradieren. Ja, ja, der Ehrgeiz der Menschen und namentlich der Frauen steckt sich manchmal hohe Ziele und feiert bisweilen Orgien ganz eigener Art. Frau Thildas Intimus, der hübsche Franz mit den braunen Augen, lief auch hinterher, – jetzt brüllte einer schrecklich laut, die Hauptsache war wohl vergessen, nun noch ein weiblicher Juchschrei, und kurze Zeit später verließen auch die beiden Männer das Blockhaus – $^1/_2$7 Uhr konstatierte ich schmunzelnd – und schlugen den Pirschsteig ein, der nach dem Schlag hinunterführte.

Sie hätten sich den Weg sparen können, denn gerade als sie im Walde verschwanden, meldete ihr Hirsch einmal ganz oben auf der Höhe und fünf Minuten später jenseits davon – in meinem Revier. Der unten im Graben antwortete alsobald, und aus vollem Halse begannen die beiden Recken sich gegenseitig anzuorgeln. Der auf der Höhe war mir bequemer, er konnte kaum 400 m vor mir über den Kamm gewechselt sein und mußte, wollte er herunter in den Graben, meinen Pirschsteig passieren. Ich freute mich kolossal, daß ich nun einmal in aller Seelenruhe Zeuge gewesen war, wie sich mein Partner direkt mutwillig um jede Chance brachte. Der Radau in und bei der Hütte hatte den Hirsch zweifellos ver-

74

grämt und zu mir herübergetrieben. Nun galt es, diesen Dusel aber auch auszunutzen. Zwei- bis dreihundert Schritte hatte ich bald auf dem Pirschsteig zurückgelegt, nun Vorsicht! Ich lauschte – nichts. Weitere fünfzig Schritte wie ein Indianer vorwärts, wieder gelauscht – wieder nichts. Weiter! Da, halt, knackte nicht etwas? Ja, natürlich, das muß er sein. „O", als ob einer auf ein großes Faß trommelt, so klang es mir fast in die Ohren, und nun der Sprengruf: „ö, ö, ö, ö, ö", großes Geprassel, da kamen sie, gerade auf meinem Pirschsteig direkt auf mich los! Donnerwetter, vorn das Tier deckte den Hirsch, ich sah nur das mächtige Geweih, jetzt kaum zwanzig Schritte vor mir eine knappe Wendung, haarscharf sauste das Schmaltier an mir vorbei und auf keine fünfzehn Gänge setzte ich dem Hirsch die Kugel auf den Stich.

Das ging alles so verteufelt fix, in Bruchteilen von Sekunden, nicht mal die Zigarre aus dem Mund zu nehmen hatte ich Zeit gehabt. Nun auf den Anschuß! – ich brauchte ja gar nicht nach Schnitthaar zu suchen, ich hatte es spritzen sehen auf die paar Schritt – also gleich auf den flüchtigen Fährten nach, mit solcher Kugel konnte er höchstens noch hundert Gänge fortgetaumelt sein, da mußte er liegen. Bald fand ich auch Schweiß, Schweiß in Massen, Lungenschweiß aus dem Geäse und – ha – da lag er ja. Mit ein paar riesigen Sätzen war ich bei ihm – nun stand ich in Andacht und genoß die Weihe der Stunde; ungerade vierzehn Enden, schwarz, wuchtig und massiv die Stangen, wundervoll die mächtigen Kronen – jetzt mochte die Brunft verlaufen wie sie wollte, ich war zufrieden!

Lange Zeit saß ich bei diesem Urwaldrecken und hielt ihm die Totenwacht. Viel Tabak zerdampft in Asche, ehe ich es über mich gewinne, mich von so einem Fleck zu trennen, darüber vergehen mitunter Stunden, aber das sind wenigstens Stunden des reinsten, ungetrübten Glückes, die ebenso viele Monate oder gar Jahre der Plage und Sorgen vergessen machen. Und während ich dort saß und feierte, kam der andere Hirsch langsam, aber unaufhaltsam röhrend den Berg heraufgewechselt. Der Schuß hatte ihn nicht im mindesten vergrämt. Einen Augenblick packte es mich fast wie

Gier, – hol' dir den auch noch – und daß ich es nicht tat, war dumm, mein wäre er gewesen, wenn es nicht absonderlich zuging; aber ich habe eben in meinem Leben schon so viele Dummheiten gemacht und sie nachher nicht bereut, daß ich auch noch diese gemächlich auf meinem Konto buchen kann: Ich wollte den Hirsch für Peltern aufheben!

Vorsichtig nahm ich dem Vierzehnender die Haken und trat den Rückweg an. Um 9 Uhr war ich bereits wieder zu Hause und vier Stunden später war auch der Hirsch zerlegt und geborgen.

XI.

Gerade war ich mit der Zubereitung meines Feiertagsdiners fertig, als mit großem Getöse der Wanderjäger hereingestürzt kam: „Hallo, ho horridoh, es lebe der Mord und der Meineid! Na, Wilder, es scheint ja höchste Zeit zu sein, daß ich komme und hier mal Ordnung schaffe, der Juchtenstiebel heult ja beinahe wie ein altes Weib, das ihre sämtlichen Enkelkinder verloren hat. Donnerwetterchen!" staunend blieb er vor dem Hirschkopf stehen. „Sieh mal an, der Knochen ist nicht übel, wieviel hat er denn? Sechse – o, und auf der andern Seite sogar sieben, Mordsteufel ja und die Krone! Na Mensch, der hat seine acht, neun Kilo abgekocht, was? Aber das werden wir ja bald wissen. Übrigens deine Brunfthexe habe ich auch schon begrüßt unten im Dorf, sie wollte mir alle möglichen Sachen in den Wagen packen, ich hab' ihr aber abgewunken, sie sollt' es nur alleine schleppen, ich hätte keinen Platz. Na, weißt du, das Mädchen, erbarm' dich doch, ist das dein Geschmack? Nein, nicht wahr? Na, meiner auch nicht, mich wird sie nicht behexen und meine Hirsche auch nicht. Paß' auf, den Nimbus werde ich ihr bald herunterreißen."

„Reiß ihr runter, was du willst," lachte ich, „je mehr, desto besser, meinetwegen alles; schaff' sie mir vom Halse, mir sind alle Mittel recht. Dir fällt doch sonst immer etwas ein. Das Stück Malheur habe ich auf dem Strich, kann ich dir sagen, na das wird nachher erzählt, wenn wir beim Mokka sitzen. Nun, vor allen Dingen raus mit deinen Kostbarkeiten, was hast du zu essen und zu – trinken mitgebracht?"

Der Wanderjäger rieb sich die Hände: „Juchtenmensch! Kronensohn! Bringen Sie mal rin das Faß und den großen Korb. Kerlchen, ich sage dir, ein Ungarweinchen habe ich in Krakau entdeckt, deshalb komme ich doch auch zwei Tage später als ich wollte. Barmherziger Himmel, hab ich mich ,besoffen' und dann am nächsten Tag mich wieder nüchtern gekneipt in derselben Sorte! Dreißig Liter bringe ich davon mit, die werden wohl ein Weilchen reichen. Die Frühstücksstube, die du mir da empfohlen hast, ist wirklich nicht übel; na, guck mal rein in den Korb, alles dort eingekauft, die prachtvollsten Sachen. Mein halbes Vermögen habe ich da verplempert, aber schadet nichts, ausgegeben wird das Geld ja doch."

„Das stimmt, da hast du ein wahres Wort gesprochen. Aber nun wollen wir essen. Die Zeit ist knapp. Nachmittag muß ich noch mal rauf nach dem Blockhaus und den Peltern sprechen; wenn's dir Spaß macht, kannst du mitkommen."

„Aber selbstverständlich, Wilder, die Nummer muß ich doch auch kennenlernen. Nun erzähl' mal die Geschichte von dem Hirsch, den hast du heute früh geschossen, was? Ein Prachtgeweih, Donnerwetter! Einen solchen möchte ich auch schießen, dann bin ich ganz zufrieden."

Wir plauderten, aßen und tranken, ich weihte den Wanderjäger in alles Wissenswerte ein, und am Nachmittag stiegen wir hinauf ins Blockhaus „zur heiligen Brunfthexe". Natürlich lag der hohe Herr von Peltern wieder im Bett und ruhte sich von den Strapazen der Morgenpirsch aus. Ich ließ ihn durch Istvan wecken und besah mir inzwischen die reparierte Küche. Bald war der Herr auch empfangsfähig, und wir traten ein.

Höfliche Begrüßung und Vorstellung, dann ging ich gleich in medias res und bedankte mich herzlichst für den Vierzehnender.

„Wieso?" war die erstaunte Frage.

Nun, ich machte aus meinem Herzen keine Mördergrube, erzählte ihm den ganzen Verlauf der Morgenpirsch, wie der Hirsch von dem immer lauter werdenden Hüttenzauber sichtlich vergrämt schließlich über den Berg in mein Revier gewechselt und dann umgehend von mir abgetan sei. „Eigentlich", fuhr ich fort, „habe ich gar keinen Grund, mir für Sie die Beine auszureißen, aber ich bin der festen Überzeugung, daß Sie so, wie Sie die Jagd betreiben, hier keinen Hirsch bekommen, wenn man sich nicht ins Mittel legt. Einen Versuch will ich noch machen. Ich bleibe heute nacht hier bei Ihnen und morgen um 4 Uhr früh gehen wir los, hinüber in mein Revier, wo heute früh der andere Hirsch noch röhrte. Ich sage Ihnen aber gleich, wenn Sie um 4 Uhr früh nicht marschfertig sind, wird die Sache wieder keinen Zweck haben."

Peltern versprach alles zu tun, was ich wollte, dann legten wir uns draußen ins Gras, rauchten unsere Zigarre und erzählten uns schöne Geschichten. Auf einmal Pferdegetrappel, und die Brunfthexe erschien. Daß ich meinen Photoapparat nicht bei mir hatte, werde ich mir nie verzeihen; das Bild, als sie erst glücklich auf der Erde stand, ächzend und jammernd, mit allen Zeichen und Symptomen des scheußlichsten „Reitkaters" behaftet, war einfach von überwältigender Komik.

„Wissen Sie, Gnädigste, was paradox ist?" fragte der Wanderjäger grinsend.

„Na, was denn?" fragte sie neugierig. „Das ist sicher wieder solch fauler Witz, wie Sie mir heute da unten im Dorf schon ein Dutzend erzählt haben."

„O, keineswegs," sagte jener ernsthaft, „also paradox ist, wenn einer abends mit 'ner Maus schlafen geht und morgens mit 'nem Kater aufwacht. Es kann natürlich auch ein Reitkater sein."

„Ach, gehen Sie mit Ihren Witzen," sagte sie jammernd, „kocht mir lieber etwas Kakao, ich habe fürchterlichen Hunger und Durst, o Gott und meine Beine tun mir so weh, ich kann gar nicht laufen, und sitzen kann ich auch nicht. Nein, keine Macht der Welt bringt mich wieder in das Dorf hinunter. Theobald, das nächste Mal kannst du reiten."

Theobald schüttelte sich vor Entsetzen: „Ich habe gerade Zeit

(Links oben) Morgen-
wäsche

(Rechts oben und links
unten) Gräben in der
Nähe des Blockhauses
Waldtraut

dazu. Ich denke, es machte dir so viel Spaß, hast du mir gesagt, du konntest es ja gar nicht erwarten, daß deine Hosen kamen. Aber kommen Sie, meine Herren, wir wollen rein gehen, hier draußen ist es ohnehin schon zu kühl."

„Wenn Sie Wildbret haben wollen," sagte ich Peltern, während der Wanderjäger ungeniert in der Stube herumschnüffelte, „dann schicken Sie den Istvan hinunter, er kann Ihnen eine Keule von meinem Hirsch holen."

„Schmeckt denn das?" fragte Peltern bedenklich. „Solch alter Brunfthirsch!"

„Billig schmeckt es jedenfalls," sagte ich achselzuckend, „Sie können es aber auch bleibenlassen, wenn Sie keinen Appetit darauf haben. Der Hirsch war kolossal feist und noch gar nicht abgebrunftet."

„Aber natürlich, Theobald," warf sich die Gnädige ins Mittel, „schick' schon hinunter; dann kann der Istvan gleich den Sack mit deiner schmutzigen Wäsche mitnehmen, du wolltest sie ja ohnehin nach Hause schicken, hast du alles eingepackt?"

„Alles," bejahte Peltern, „hier ist der Sack fix und fertig gepackt, Paketadresse geschrieben usw. Dann habe ich nachher auf der Bahn bei der Rückreise nicht so viel Gepäck zu schleppen", meinte er erklärend, während der Wanderjäger mit Interesse die Paketadresse studierte.

An diesem Abend war es zum ersten Male einigermaßen gemütlich im Blockhaus, daran war aber natürlich nur der Wanderjäger schuld. Er hatte einen seiner besten Tage, seine Unterhaltung und sein Humor sprudelten nur so, ein Witz, eine gewagte Geschichte jagte die andere, dabei fand er immer noch Zeit, der Brunfthexe verliebte Augen zu machen, den Peltern durch die öftere Anrede „Herr Baron" zu entzücken und selbst den alten Griesgram Istvan durch kordiale Leutseligkeit zum Lachen zu bringen. Wie ein Irrwisch lief er aus dem Zimmer in die Küche und aus der Küche wieder in das Zimmer, dann hetzte er uns alle in die düstere Nacht hinaus durch die Botschaft, es röhre ein Hirsch dicht beim Blockhaus, was natürlich gelogen war. Beim kargen Abendessen, das

80

sich das geizige Paar von der Seele ringen mußte, blinzelte er mir ein paarmal äußerst vergnügt zu, trat mir unter dem Tisch auf die Füße und rieb sich schmunzelnd die Hände, daß ich sofort wußte: Jetzt hat er entweder wieder eine seiner großen Gemeinheiten ausgefressen oder er hat sie noch in petto. Irgend etwas war jedenfalls im Gange.

Um 9 Uhr brachte der Istvan den Wanderjäger hinunter, während ich mich auf den Strohsack warf und bald einschlief.

Um $1/2$ 4 Uhr war ich auf den Beinen und weckte Peltern. Gleichzeitig machte ich Feuer und kochte Kaffee. Um 5 Uhr war er noch nicht fertig angezogen und der Kaffee inzwischen wieder kalt geworden, um $1/2$ 6 Uhr endlich konnten wir abmarschieren. Ich sagte ihm gleich, daß wir zu spät kommen würden, denn wir hatten gute zweieinhalb Stunden Anmarsch. Es wurden sogar drei und eine halbe daraus, da Peltern den zweiten Berg nicht so gut fressen konnte wie ich, er mußte alle zehn Minuten verschnaufen. Um 9 Uhr standen wir endlich auf der Kuppe, von der wir in den Graben hineinsehen konnten.

„Hier müssen Sie morgens um 6 oder spätestens $1/2$ 7 Uhr sein, wenn Sie die Chance haben wollen, am Vormittag in diesem Graben einen Hirsch zu schießen," sagte ich ärgerlich, „aber nicht um 9 Uhr so wie heute. Aha, haben Sie den Hirsch gehört?"

„Nein", sagte er und schüttelte den Kopf.

„Da drüben, passen Sie auf", und ich nahm meine Muschel und machte dreimal den Kampfruf. Sofort antwortete der andere.

„Donnerwetter ja," meinte Peltern, „nun habe ich ihn auch gehört."

„Na also," brummte ich, „und wissen Sie, wie lange wir bis dahin zu laufen haben?"

„Eine halbe Stunde ungefähr."

„Haben Sie 'ne Ahnung! Auf meinem Pirschsteig geschlagene drei Stunden! Ich weiß es auf die Minute, denn ich habe es ausprobiert. Also wenn wir noch so rennen, sind wir günstigstenfalls um 12 Uhr dort. Dann schläft der Hirsch, und es ist nichts zu wollen. Nun gibt es nur zwei Möglichkeiten, unter denen Sie wählen können. Entweder ich bringe Sie jetzt bis in die Gegend, wo der Hirsch steht, und dort bleiben Sie bis zum Abend; um 2, $1/2$3 Uhr wird er wieder mobil werden, und Sie können versuchen, ihn zu bekommen, oder, und das halte ich für das bessere, Sie gehen jetzt nach Hause und sehen zu, daß Sie morgen früh hier sind, aber beizeiten. Schlimmstenfalls können Sie ja hier übernachten."

„Mir ist es lieber, wenn Sie mich jetzt in die Nähe vom Hirsch bringen", bat Peltern.

Das habe ich auch gemacht, habe den Hirsch auch noch ein paarmal gereizt, aber er war zu faul und reagierte nicht, wir fanden seine Fährte wiederholt auf dem Pirschsteig, fanden auch frische Schlagestellen und einen Fleck, der so brunftig roch, daß ich es nicht mehr riskierte, weiter zu pirschen. „So," sagte ich, „nun bleiben Sie hier, rauchen Sie, schlafen Sie, frühstücken Sie, machen Sie, was Sie wollen, aber bleiben Sie jedenfalls bis zur Dunkelheit, dann werden Sie den Hirsch vielleicht bekommen."

„Und Sie haben nichts dagegen, wenn ich hier morgen und die nächsten Tage auch pirsche?"

„Gar nichts", war meine Antwort. „Tun Sie mir oder vielmehr sich selbst den einzigen Gefallen, stehen Sie anstatt um $1/2$6 Uhr, schon um $1/2$3 oder $1/2$4 Uhr auf, dann werden Sie vielleicht einen Hirsch bekommen, Weidmannsheil!" und damit schritt ich wieder den Hang hinauf, über den Kamm des Berges und machte noch einen Abstecher nach dem Blockhausneubau, um auch da einmal nach dem Rechten zu sehen.

Spät abends war ich wieder im Wegwärterhaus. Der Wanderjäger und mein Juchtenstiebel saßen in unserem Zimmer und schienen mir beide bedenklich lustig. Juchtenstiebel verschwand schleunigst, nachdem er noch gefragt, ob ich Befehle für ihn hätte. Als er raus war, revidierte ich die Umgegend. Richtig, die beiden hatten sich über den Ungarwein hergemacht und wahrscheinlich gehörig am Faß gesogen. So wenige Fehler der Wanderjäger im großen und ganzen besitzt, diesen einen schätze ich nicht sehr an ihm, ich meine: Den kordialen Umgang mit dem Personal, respektive überhaupt mit dem kleinen Mann. Er ist in dieser Beziehung nicht wählerisch und huldigt dem Grundsatz, man muß mit den Wölfen heulen. Hat er keine gebildete Gesellschaft in der Nähe, so nimmt er mit den übelsten Pisangs vorlieb, wobei ihm seine Geschicklichkeit, mit dem Volk den richtigen Ton zu finden, zugute kommt. Ich werde mich auch einmal mit meiner Jägerei hinsetzen und einen Schoppen trinken, werde auch gern in der Kneipe oder am Stammtisch mit allen möglichen Leuten harmlos zusammensitzen, aber in einer gewissen Distanz werde ich sie mir immer halten. Und das ist auch nötig, dabei braucht man gar nicht stolz oder hochmütig zu sein.

„Na," brummte der Wanderjäger, „s' paßt dir wohl nicht, daß ich mit dem Juchtenstiebel ein Glas Ungarwein getrunken haben?"

„Ein Glas?" sagte ich fragend. „Wenn ich eine halbe Stunde später kam, war der Jäger wie ein Sack so voll, der kann doch das schwere Zeug nicht vertragen, mußt du bedenken. Im übrigen kann es mir ziemlich gleich sein, denn mit einem Riesenjammer werdet ihr kaum morgen früh besondere Geschäfte mit Brunfthirschen machen, und da du, wie du mir erzählt, nur acht bis zehn Tage Zeit hast, mußt du dich schon etwas heranhalten, wenn's klappen soll, zwei Tage sind bereits herum!"

„Mensch," jubelte da der Wanderjäger, „das habe ich dir noch gar nicht erzählt, ich habe mir ja einen kapitalen Witz geleistet mit Peltern und der Brunfthexe; hast du denn gar nichts bemerkt?"

„Keinen Schimmer," erwiderte ich befremdet, „daß da irgend etwas los war gestern abend, habe ich natürlich kapiert, du grinstest ja wie ein Zaunkönig und tratest mir immer auf die Füße, aber was es eigentlich war, davon habe ich keine Ahnung."

„Also höre und staune. Die Leute schwatzten doch da von einem Sack mit schmutziger Wäsche, den der Istvan nachher mit hinunternahm. Ich las die Adresse, die war an Frau von Peltern gerichtet. Ist das nun seine Mutter, oder hat er 'ne Frau?"

„Das ist seine Frau natürlich."

„Sieh mal an, sehr gemütvoll und geschmackvoll finde ich das! Na, schön, also denke dir mal an, wie ich da in der Bude rumschnöckerte, sah ich unter einem Strohsack etwas blitzen, und als ich daran zog, was war's? – Ein sehr niedliches Spitzenhöschen und dito Hemdchen, in gebrauchtem Zustand glücklicherweise. Beides habe ich dann, als ihr alle rausranntet, um den schreienden Hirsch zu hören, der gar nicht schrie, in meine Tasche praktiziert und mit hinuntergenommen. Hier habe ich es in Pelterns Sack mit schmutziger Wäsche hineingestopft und jetzt saust das Korpus delikti bereits mit der Eisenbahn nach der geliebten Heimat. – Himmel, wird die Frau 'ne Freude haben, wenn sie die Wäsche auspackt!!" und der Wanderjäger kugelte sich vor Lachen.

„Mann," sagte ich bedenklich, „das gibt einen kolossalen Krach!"

„Na, aber selbstverständlich, lieber Wilder, einen haushohen Krach gibt das. Das ist ja doch das Glänzende dabei, und vor allen Dingen, wir sind die Bande so bald als möglich los, das bleibt doch die Hauptsache. Wie lange läuft denn solch Postpaket bis zu Pelterns Ritterkate, denn 'n Schloß wird er wohl kaum besitzen?"

„Heute ist Dienstag. Na, Donnerstag oder Freitag kann es dort sein, nach Deutschland geht es schneller als umgekehrt."

„So? Dann taxiere ich, daß die beiden Sonnabend oder Sonntag das Weite suchen werden, denn bis dahin ist die Bombe in Gestalt eines Telegramms unbedingt geplatzt."

„Ein etwas gewagter Spaß", meinte ich, an meinem Glase Ungarwein schlürfend, „ist die Sache aber doch, Verehrtester. Mir tut bei dem allem nur die Frau leid, die kann doch ganz vernünftig sein, und sie kann auch nichts dafür, wenn er hier seine Zicken macht. Sie wird aber doch einen Höllenschreck bekommen, wenn sie bei ihrem Theobald die Weiberwäsche entdeckt."

„Na, mach' dir man keine Gewissensbisse, alter Esel," schimpfte der Wanderjäger, „wirst auf deine alten Tage noch einen Moralischen kriegen. Nein, du, das laß man sein, das steht dir nicht. Du wirst ganz froh sein, wenn die beiden losgondeln, und ob sich aus diesem Ulk eine Scheidung oder sonst etwas entwickelt, wird dir, so wie ich dich kenne, kaum den gesegneten Appetit verderben. Im übrigen, wenn er ein Schlaukopf ist, kann er sich doch rauslügen, er braucht doch nur zu erzählen, daß du eine Dul-

84

zinea mitgehabt hättest, von der die ominösen Wäschestücke stammen. Da soll ihm seine Frau mal das Gegenteil beweisen."

„Das wird er wohl auch machen," sagte ich beruhigt, „na, denn gute Nacht."

XII.

Zwei Tage waren vergangen. Ich hatte die Gegend und namentlich den Graben, wo ich Peltern prischend vermutete, gemieden und war in anderen Ecken meines Reviers hinter leider nur schlecht röhrenden Hirschen her gewesen. Einen Zehner hätte ich wohl schießen können; durch seine grobe Stimme getäuscht, hatte ich ihm eine halbe Nacht- und eine ganze Tagespirsch gewidmet, aber, als ich ihn schließlich auf dem Korn hatte, ließ ich den Zeigefinger gerade, er war mir nicht gut genug. Wenn ich geahnt hätte, daß mein Verpächter im Winter sterben und daß ich das Revier nicht mehr behalten würde, nun, vielleicht hätte ich ihn doch mitgenommen, so aber war ich noch in dem Wahn befangen, eine lange Regierungszeit vor mir zu haben. Da ließ ich Zukunftshirsche lieber laufen.

Der Wanderjäger war etwas kleinlaut geworden. Es war das erstemal, daß er sich in einem ungarischen Revier versuchte, und da meinte er denn doch: „Verflucht, verflucht, die Berge und die Wälder sind hier bitter, sehr bitter, lieber Wilder! Da muß man ja noch einmal von vorne anfangen zu lernen."

Nur Juchtenstiebel blieb stets guter Laune, er pirschte mit dem Wanderjäger und erzählte mir jeden Abend haarklein, was sie erlebt hatten. Unser Tagewerk spielte sich so ab, daß wir um 3 oder 4 Uhr morgens nach verschiedenen Richtungen losmarschierten und abends erst nach Schluß des Büchsenlichtes zurückkehrten.

Er berichtete mir auch, daß sie an jedem Tage um Haaresbreite an den Erfolg heran gewesen wären, aber irgendein unvorhergesehener Zwischenfall schließlich doch noch den Spaß vereitelt hätte. Von Peltern hörten wir nichts, den starken Hirsch in meinem Graben schien er also doch nicht bekommen zu haben. Da sollte uns der dritte Tag ganz unvermutet zusammenführen. Ich kam im Morgengrauen tief drinnen im Revier einen Graben heraufgepirscht, als mir plötzlich ein Kerl mit dem Gewehr auf dem Rükken entgegenkam. Einen Wilddieb vermutend, ging ich sofort in Deckung und ließ ihn mir anlaufen. Aber wer war es? – Freund Istvan!

„Nanu," sagte ich verdutzt, „was kriechen Sie denn hier herum, in drei Deibels Namen?" – „Ach Gott, ach Gott," jammerte der, „hob ich mich so erschrocken, gnädiger Herr! Ich suche meinen Herrn Baron, hot er sich doch verloren gestern Obend, und lauf' ich schon ganze Nacht ihn suchen."

Das ist doch wieder mal ein starkes Stück, dachte ich bei mir, nun kriecht er mir sogar schon hier herum. Und dann fragte ich den Istvan so gut wie möglich aus, was sie die letzten Tage getrieben. Da stellte es sich denn zu meiner grenzenlosen Empörung heraus, daß der Baron an besagtem Nachmittag, schon lange vor Abend, resultatlos zurückgekehrt war. Wahrscheinlich hatte er den Hirsch vertrampelt. Darauf hatten sie tatsächlich einmal Ernst gemacht und waren um 4 Uhr losgezogen. Oben auf der Kuppe aber hatten sie außer diesem Hirsch noch einen zweiten viel besser melden hören. Daß er noch viel weiter in meinem Revierteil stand, focht sie weiter nicht an. Als ihre Pirsch vergeblich war, hatten sie sich bei meinem neuen Blockhaus eingeschoben und dort übernachtet. Kurz und gut, sie hatten also den so brillant und absolut sicher von mir ausgemachten Hirsch einfach stehen lassen und waren wie die Irrlichter im ganzen Revier, natürlich aber in meinem Teil, herumgewurstelt. Das eine ersah ich hieraus, daß auf diesen Menschen Rücksicht zu nehmen, geradezu straffällige Dummheit war, und nun ärgerte ich mich maßlos, daß ich den Hirsch nicht neben meinem Vierzehnender denselben Tag auf die Strecke gelegt hatte. Darüber waren dreimal 24 Stunden vergangen, nun war kaum noch anzunehmen, daß der Hirsch an derselben Stelle röhrte.

Istvan selber schien seinem Herrn Baron nicht sehr viel zuzutrauen, und zum Schreien komisch war es, als er betrübt sagte:

„Issi, gnädiger Herr, spielt sich Herr Baron doch ganze Nacht mit Frau Baronin und is sich dann müde auf der Pirsch."

Wir gingen selbander den Graben hinauf und setzten uns oben auf der Alm so hin, daß wir nach allen Seiten einen weiten Rundblick hatten. Schon nach einer guten Stunde sahen wir denn auch unseren Baron drüben auf einer anderen Alm entlangkraxeln. Im Geschwindschritt eilten wir hin, und der atmete sichtlich auf, als er uns sah.

„Gott sei Dank, daß ich Sie treffe," stöhnte er, „ich bin seit gestern mittag unterwegs und habe mich verlaufen; in der Nacht mußte ich in einer Hirtenhütte kampieren ohne Feuer, denn ich hatte keine Streichhölzer in der Tasche, gegessen habe ich seit 24 Stunden überhaupt nichts, geben Sie mir bloß ein Butterbrot, wenn Sie eins haben."

Nun, ich stärkte ihn mit meinen Vorräten und sah schweigend zu, wie er kaute. Ihm Vorwürfe zu machen, hatte ja keinen Zweck, irgend etwas damit zu erreichen, gab ich auf. Ich sagte ihm nur kurz, daß ich nunmehr, da es ihm ja ganz gleich wäre, wo er pirsche, dasselbe auch tun und ebenfalls meinen Freund Wanderjäger in der Wahl seines Pirschrevieres nicht beschränken würde. „Sie hätten mir nur gleich sagen sollen," fügte ich hinzu, „daß Sie den Hirsch da hinten stehenlassen, dann hätte ich ihn geschossen oder den Wanderjäger hingeschickt."

Wir gingen zusammen die Alm hinunter, besichtigten bei der Gelegenheit noch den Blockhausneubau, wobei ich zu meiner Befriedigung konstatieren konnte, daß er in drei bis vier Tagen notdürftig beziehbar war, und wanderten schließlich nach seiner Hütte, weil, wie er behauptete, ein Haufen Post für mich angekommen wäre. Die Hütte war leer, der Brunfthexe wàr es anscheinend 24 Stunden allein doch unheimlich geworden, sie war ausgerückt. Auf dem Tisch lag ein Zettel, sie wäre nach dem Dorf geritten und bliebe dort, bis er ihr Nachricht von seiner Rückkehr schickte.

Ich hieß den Istvan in beiden Öfen ein höllisches Feuer machen und vertiefte mich in meine Briefe. Zum Teufel, ja was war denn das! Da kam ja eine unangenehme Nachricht nach der andern.

Eine Hypothek wurde mir gekündigt, weil die Zinsen nicht rechtzeitig bezahlt waren, ein Gläubiger drohte mit Repressalien, da er keine Antwort bekäme, die Lieben daheim schimpften sogar, daß man nichts von sich hören ließe – das waren doch alles Sachen, die ich gerade vor der Brunft noch glücklich erledigt hatte.

Himmel, da fällt mir ein, ich hatte die Briefe ja der Brunfthexe zur Erledigung gegeben. Als ich Peltern fragte, zuckte er die Achseln, er hatte keine Ahnung.

„Aber wenn Thilda sie nicht besorgt hat, müßten sie doch noch hier liegen", meinte er phlegmatisch.

Das leuchtete mir ein, und ich machte mich auf die Suche, indem ich zunächst mal alle Wandbretter einer sorgfältigen Prüfung unterzog. Auf dem dritten fand ich bereits mein Päckchen Briefe genau so, wie ich sie ihr gegeben hatte. Ich steckte sie wortlos in die Tasche; mich über irgend etwas zu wundern, hatte ich hier bereits aufgegeben. Was mir hieraus nun wieder für Ärger erblühte, war in der Eile gar nicht auszudenken. Dann ging ich in die Küche, um uns wenigstens ein karges Mal zu richten. Was ich nun dort wieder sah, spottete jeder Beschreibung.

„Tun Sie mir den Gefallen, Peltern, und kommen Sie mal in die Küche", rief ich.

„Was ist denn los?" fragte er eintretend.

„Entsinnen Sie sich, wie Ihre Thilda am ersten Tage über meine Junggesellenwirtschaft hier in der Bude schimpfte? Nun sehen Sie, bitte, mal dieses Theater an. Das ganze Geschirr von oben bis unten schmutzig, da ist auch kein Teller und kein Messer, kein Topf und kein Kochgeschirr, das nicht schmierig wäre; hier, den großen Suppentopf hat sie auf dem brennenden Feuer stehenlassen, wahrscheinlich, als sie wegging; natürlich ist alles verkocht und der Topf total verbrannt, den kann ich wegschmeißen. Aufgewischt oder ausgefegt ist hier auch seit Tagen nicht. Wozu hat sie eigentlich den Lümmel, den Franz? Und nun sehen Sie sich, bitte, Ihr Wohngemach an. Das ist also die gerühmte Ordnung, mit der Sie immer empfangen werden. Na, ich danke für die Schweinerei. Wenn mein Juchtenstiebel auch nur einmal wagte, mir die Bude in

Abschied vom Revier

Blockhaus Waldtraut

solchem Zustand zu präsentieren, würde ich ihn kopfüber den Berg hinunterstürzen. Und schließlich, was den Rest Ihres Wildbrets betrifft, na, ich danke für Backobst, da war mein Stückchen Rindfleisch neulich im Fenster ja auch Gold dagegen. Pfui Deubel, stinkt das schon. Sie hätten es wenigstens einsalzen sollen. – Und Sie, alter Esel," fuhr ich Istvan an und stupste ihm die Hirschkeule unter die Nase, „Sie sitzen auch dabei und kümmern sich um nichts. Wenn Ihr nur zu fressen habt, dann seid Ihr zufrieden. Na, wartet man, Kinderchen, Ihr sollt bei mir noch weich werden."

„Herrgott," stöhnte Peltern, „Sie müssen auch immer Krach und Radau machen, ohne Schimpfen habe ich Sie hier oben noch nicht gesehen; das meinte die Thilda neulich schon: Sobald der Wilde in die Küche tritt, schwirren die Ochsen und Esel nur so durch die Luft."

„Wenn's wenigstens was hülfe," brummte ich wütend, „bei dieser Höllenschweinerei kann man ja auch verrückt werden. Aber, ich gehe meiner Wege, hier bei Ihnen gibt's ja nichts zu essen und zu trinken. Sie werden Istvan wohl brauchen, da kann ich ja von meinen Leuten einen hinunterschicken und Ihre Thilda zurückholen lassen."

„Ach ja, tun Sie das bitte, das wäre sehr nett."

Ein Stündchen später saß ich dem Wanderjäger gegenüber in unserer gemütlichen kleinen Kate. Ihm stand dick, blau und geschwollen eine Ader auf der Stirn, das Gesicht war hochrot, die Augen so klein, wie ich sie noch nie gesehen, und um den Mund spielte ihm ein bitterböses Lächeln. Alle Wetter, da war etwas passiert! Das Gesicht kannte ich, in dem Zustand brauchte ihn bloß einer schief anzusehen und er saß ihm an der Kehle.

Ich schob also zunächst einmal den Tisch zwischen uns beide, leerte den Wasserkrug aus dem Fenster und ließ Ungarwein, duftenden Ungarwein, so recht laut und vernehmlich hineinkluckern. Ein Glas davon schob ich ihm unter die Nase, auch eine gute Zigarette – Regina ist seine Marke – ließ ich über den Tisch rollen, dann brannte ich mir selbst eine an und hielt ihm das Streichholz hin.

„Du bist auch schon so früh zu Hause," begann ich flötend, „wie kommt denn das?"

Gott sei Dank, nun dampfte auch seine Zigarette. Beim Rauchen hat noch nie einer den anderen erschlagen.

„Wie das kommt?" knurrte er. „Na, kannst du dir das nicht denken, du bist doch sonst immer so klug."

„Also auch die Brunfthexe," sagte ich lakonisch, „na, dann erzähle mal."

„Da ist gar nichts groß zu erzählen," sagte er wütend, „natürlich hat sie mir auch einen Hirsch vergrämt, einen sehr guten Zwölfer sogar; noch einen Schritt und er war mein. In dem Augenblick kommt sie um die Ecke geritten, und der Hirsch schlägt zurück, nicht ein Haar habe ich mehr von ihm gesehen."

„Aber wie ist das möglich?" warf ich ein. „Sie muß doch nach dem Dorf die Grenze hinuntergeritten sein."

„Ist sie auch", gab er zur Antwort. „Der Hirsch wollte doch über die Grenze. Zwei Stunden war ich hinter ihm her, und dann waren wir hier oberhalb des Flüßchens auf dem Höhenzug; da zog er langsam bergab, und bei der Gelegenheit kam ich auf eine Viehtrift und lief ihn an. Dreißig Schritte trennten uns noch, als das Malheur passierte. Ich stand hinter 'ner Fichte und er auch, wenn er noch einen Schritt vortrat, mußte er über die freie Trift. Juchtenstiebel ist hinterher, um zu sehen, wo er bleibt."

„Um welche Zeit war denn das?" forschte ich weiter.

„Zwischen neun und zehn! Ich bin gleich nachher heimgelaufen, was sollte ich nun noch draußen? Mittag habe ich aufgesetzt, in einer halben Stunde können wir essen."

Nun erzählte ich ihm meine Erlebnisse und riet ihm, morgen früh mit mir zu kommen, wir wollten uns noch einmal um den Hirsch kümmern, den Peltern so einfach stehen gelassen hatte. Es war immerhin nicht ausgeschlossen, daß er noch dort in seinem Graben röhrte. Bald kam auch Juchtenstiebel angezogen, triefend vor Schweiß, mit hochrotem Kopf und einem äußerst langen Gesicht:

„So 'n Hirsch soll doch der Deibel holen," knurrte er ingrimmig, „wenn der sich wat in 'n Kopp jesetzt hat, is nischt nich daje-jen zu machen. Rieber ieber de Jrenze wollte er nu mal partu, ick hab' mich fast de Lunge aus dem Bauche jerennt und wollte ihm kehren, aberst is nich; heidi, jing er ab, vastehste, un nu jerade ie-ber die Jrenze. Dem sind wir also jlücklich los. Un dat er so balde wiederkimmt, scheint mich en bisken zweifelhaft."

„Macht nichts, Juchtenstiebel," tröstete ich, „wir kriegen schon noch einen, darum ist mir gar nicht bange; man muß sich nur die Mühe nicht verdrießen lassen. Aber Sie können mal runter nach dem Dorf reiten, verschiedene Besorgungen machen, Post holen und der Frau Baronin sagen, der Baron wäre glücklich zurück, sie solle wieder ins Blockhaus kommen."

„Die Jnädije ist schonst wieder oben," rapportierte Juchtenstie-bel phlegmatisch, „ick habe ihr nochmal jetroffen. Der taten schonst wieder de Beene weh vons Reiten, un da is se lieber umje-kehrt, meinte se. Un wat 'nen Boten vors Dorf betrifft, der Weje-wärter reitet nachmittag rin, vielleicht kann der allens besorj'n?"

„Natürlich," sagte ich, „das paßt ja gut; dann gehen Sie lieber nachmittags zum Baron rauf und sagen Sie ihm, er solle zwei Tage den Calderongraben zufrieden lassen, da pirschten wir beide jetzt; sonst könnte er meinetwegen im ganzen Revier herumkrauchen, wo er Lust hätte."

„Jut," meinte der, „dat wird besorjt. Un wat soll ick dann ma-chen?"

Ich überlegte ein Weilchen: „Wissen Sie, vielleicht ist es ganz gut, wenn Sie oben bleiben und sich da ein bißchen auf die Lauer legen, was die Leute eigentlich treiben. Sie können ja auch Istvan aushorchen, ob sie nicht bald abreisen usw. Sonst wüßte ich weiter nichts für Sie. Hauptsache natürlich, wo noch irgendwo ein Hirsch gut röhrt, genau die Stelle ausmachen, wo, und dann herkommen und melden. Ich fürchte, die Hirsche werden sich bald ausgeröhrt haben. Seit der erste das Maul auftat, sind bis heute ja schon zehn bis zwölf Tage verstrichen. Und länger dauert hier die Freude sel-ten."

XIII.

Als der Wanderjäger und ich am Abend von unserem Pirschgang
in den Calderongraben zurückkehrten, waren unsere Hoffnungen
wieder gewaltig gestiegen. Trotz des warmen, nieseligen Nachmittags hatte der Hirsch, anscheinend wirklich immer noch derselbe,
gegen 4 Uhr tief unten im Graben ein paarmal angestoßen, um 5
Uhr war er allerdings an dem anderen Hang, als an dem wir uns
befanden, hochgezogen, hatte ein paarmal laut und gut geröhrt
und dann bis zur Dunkelheit verschwiegen.

Der Wanderjäger hatte gleich beim ersten Laut absteigen und
den Hirsch anpirschen wollen. Ich hielt ihn aber zurück und redete
ihm das aus. Neulich hatte der Hirsch genau an unserem heutigen
Standpunkt ein paar Tage geröhrt; diese Stelle hatte er verlassen,
es war für uns nun viel wichtiger, zu hören, wo er blieb.

„Heute abend bekommen wir ihn doch nicht mehr," sagte ich,
„aber morgen früh steigen wir gleich von der Grenze aus den
Pirschsteig hoch, und dann werden wir bald wissen, ob er noch
da ist. Meldet er morgen früh nur ein paarmal, so sind wir ihm
auch umgehend auf den Schalen, darauf kannst du dich verlassen!"

Beim Abstieg in den Graben hörten wir ihn noch in der Dunkelheit ein paarmal röhren und sprengen, und vergnügt betraten wir
eine Viertelstunde später unsere Klause.

Der Wegewärter mußte sich kolossal beeilt haben, er war schon
zurück und brachte uns das besorgte Fleisch, die Briefe und alles
andere ins Zimmer. Bevor er wieder hinausging, druckste er soviel
herum, daß ich aufmerksam wurde. Irgend etwas mußte er noch
auf dem Herzen haben.

„Wollen Sie sonst noch was?" fragte ich ihn freundlich.

„Es wäre eine Dame gekommen", erzählte er wichtig.

„Eine Dame, was für eine Dame?" fragte ich erstaunt, und auch
der Wanderjäger horchte auf.

Nun, eine Dame wäre gekommen und mit einem Wagen bis an
den Berg gefahren. Der Schmied aus dem Dorf, der Deutsch sprä-

che, hätte sie dann zu Fuß den Berg hinauf nach dem Blockhaus geführt, weiter wüßte er nichts.

Der Wanderjäger und ich sahen uns gegenseitig in die Augen, sagten aber nichts, bis der Mann das Zimmer verlassen hatte. Kaum hatte er jedoch die Tür geschlossen, als der Wanderjäger mit den Fingern schnippend durch die Stube eilte:

„Donnerchen, Donnerchen, Wilder, wird das einen Krach geben! Paß' auf, das ist die richtige Baronin, und die ist da oben wie 'ne Bombe hereingeplatzt. Gott sei Dank, daß Juchtenstiebel dort ist und die Geschichte miterlebt. Wenn er bloß erst hier wäre, die Sache ist ja unbezahlbar!"

„Es könnte gerade stimmen", sagte ich nachrechnend. „Wenn sie deine Niederträchtigkeit gleich gemerkt und sich sofort auf die Beine gemacht hat, könnte sie heute nachmittag angekommen sein. Na, jetzt möchte ich auch nicht in Pelterns Haut stecken, wenn sie da mitten in sein Idyll hineingefegt ist. Aber wer kann's denn anders sein, als seine Frau."

Unsere Neugier wurde nicht lange auf die Folter gespannt; draußen rumorte es unbändig, und schon stampfte Juchtenstiebel herein. Er war in vollem Kriegsschmuck und hatte sich nicht mal Zeit genommen, Büchse, Rucksack und Stock draußen abzulegen, so eilig hatte er es mit seiner Meldung.

„Na?" fragten wir beide erwartungsvoll.

Der schneuzte sich erst umständlich und gewaltig die Nase, und ich sah, wie alle seine tausend Falten und Fältchen um die Augen herum vor Entzücken zitterten und bibberten.

„Na," meinte er schmunzelnd, „det Varjniegen hätten Sie woll ooch miterleben mögen, wat? Aberst" – und er spuckte in die Ecke, was er nur bei großen Gemütserregungen tat – „aberst nu kann ick ruhig sterben, so'n Spaß erleb' ick in mein janzes Leben nich wieder."

„Halt!" rief ich, „Juchtenstiebel, bringen Sie erst Ihr Zauberzeug raus und dann kommen Sie wieder rein. Die Sache muß in Gemütsruhe erzählt werden. Hier ist ein Stuhl, und da ist ein Glas Ungarwein, damit Ihnen die Kehle nicht trocken wird."

Juchtenstiebel tat wie geheißen, setzte sich auf einen Stuhl, sog mit Kennermiene an seinem Weinglas und begann:

„Ick will mal allens nacheinander erzählen, jerade so, wie's jewesen is. Also, ick komme ruff und mache meine Meldung. Der Baron lag uffs Bett und jammerte, er hat sich nemmelich den Magen verdorben. Daderwejen det er so jeizig is un keen Fleesch nich jekooft hat, haben se immerzu noch von det faulije Hirschfleesch jefressen, det hat doch schonst vor zwee Tagen jestunken. Nu war er mächtig krank, und sie hat ihn ins Bette jebracht. Ick hab' nu nich jesagt, dat er nich in den Calderonjraben jehn soll, denn dann wär er doch jerade jewiß erscht da rinjekrochen, sondern ick habe jesagt, er soll da bei det neue Blockhaus nich rumpirschen, weil da een paar mächtig starke Hirsche röhrten. Jleich hat er wieder helle Oogen jekriegt, wie er det jehört hat, und dann habe ick ihm die Apotheke von jnädjen Herrn suchen müssen und habe ihm eene doppelte Portion von Rhizinus injefiltert.

Wenn er bis morjen wieder uff dem Kien is, hab' ick jedacht, denn macht er sich sicher nach det neue Blockhaus uff die Beene, um da ooch uff die mächtig röhrenden Hirsche zu loofen. Et is aber immer janz jut, wenn die Arbeetsleite da immer von uns eenen zu sehen kriejen, dann haben se Dampf un arbeeten noch mal so jut. Erschtens war er also kaltjestellt und zweetens brachte er die Leute uff den Schwung.

Mit Istvan hab' ick dann ooch noch een halbes Stündeken jeschwatzt, hab' mit ihm Kaffee jetrunken un mir allmählich jedrückt. Een Stückchen vons Blockhaus habe ick mir in die Fichten jedrückt, meene Pfeife anjestochen un jerocht und uffjepaßt. Wat soll ick Ihnen sagen, jnädjer Herr, mit eenemmal sehe ick eenen Büchsenschuß unter mich eene Weibsperson den Berg ruffklimmen. Ick hab' erscht jedacht, ick träume, aberst wie denn ooch noch een Kerl erschienen is, bin ick aus mein Dösen uffjewacht un habe mits Jlas runterjekiekt.

Det war nu 'ne sehr feine Dame, un se hat den Berg jar nich ruffjekonnt un hat alle hundert Schritt verpustet. Der Schmied aus 'n Dorf hat se bejleitet. Potz Kientopp, hab' ick da jedacht, nu wird's heiter, nu kommt, hol' mich der Deibel, wahrscheinlich den Baron seine richtije Frau anjeklettert! Ick hab' mir also uffjemacht un mir wieder ans Blockhaus ranjeschlängelt. Keen Mensch war in de Küche, Istvan war ooch nich da, un nebenan war allens totenstill, die beeden schliefen woll wie jewöhnlich.

Ick setz mir also jemütlich draußen uff die Treppe un warte. Nu kommen die beeden ooch langsam anjewandelt, und als die Jnädige bei mich is, steh' ick uff, jreife an mein Hut und sage ,Weidmannsheil'.

Die Jnädige nickt und fragt nur, ob der Herr Baron zu Hause sind.

,Jawoll,' sage ick heflich, ,die Herrschaften schlafen' un zeige nach die andere Türe. Schon is se da un tritt rin. Wir beede sind in de Küche jeschlichen un haben uns mäschenstill uff 'n Strohsack jesetzt, dann hört man ja nebenan jeden Ton. Erscht war allens still, eene janze Weile, da sind die beeden Übeltäter woll vor Schreck erstarrt jewesen. Dann hab' ick bloß noch een Wort gehört, aber det war so scharf un so schneidig, det hat durchs janze Blockhaus jejellt:

,Rrraus!!' hat se jesagt un haste nich jeseh'n kam unsere kleene Hexe rausjeflitzt. Hol' mich der Deibel, jnädiger Herr, hat's die eilig jehabt. Se hat sich jar nich mehr umjekiekt, is den Berg runterjelofen, un weg war se.

Un nu jing nebenan der Spektakel los. Dunnerlittchen, hat die dem Baron die Wahrheit jejejt, ob er sich nich schäme, so'n alter Esel, wie er wäre, mit'n janzen Haufen kleener Kinder, so'ne Jemeinheit un so'ne Schweinerei, aber det hätte se schon längst jemerkt, er solle man nich jlooben, det se so dämlich wäre, un nu solle er seine Sachen packen, keene Minute bliebe se länger in det Haus. Se würde draußen warten, er solle machen, det er fertig würde.

Dann kam se in de Küche un hat mir jefragt, ob's denn möglich wäre, noch ins Dorf zurückzukommen.

,Möglich is allens,' habe ick jesagt, ,ick werde det Pferd jreifen, da können die Sachen ruffjepackt werden.'

Den Schmied hab' ick runter zum Wegewärter jeschickt, er solle den seine beeden Pferde ooch noch holen. Denn ick habe mir jedacht, det beste is, wenn der janze Plunder, ooch der Hexe ihre Sachen, mit eenmal fortkommt. Dann bin ick zu 'n Baron rin un habe packen helfen. Der hat ausjeseh'n, wie 'ne jekalkte Wand, un der Rhizinus un der Schreck sind ihm in'n Majen jefahren un er hat ejal rennen müssen, det hat mir 'n diebischet Verjniejen jemacht; jesagt hat er aber keen Wort mehr. Janz zuletzt hat er mich noch 100 Kronen jejeben, für die Thilda meente er, damit daß se heemfahren könnte.

Um Uhre fünfe sind die Pferde dajewesen, nu haben wir allens ruffjepackt, die Jnädije is voranjestiebelt, un der Baron is hinter de Pferde hintenan marschiert; 's war der reene Leichenzug. Unten stand der Wagen, rinjestoppt un ranjebunden war allens schnell, zehn Märker hat mir die Jnädije noch jejeben, un denn sind se losjefahren. Der Schmied is mit det Pferd, wodruff wir de Sachen von der Hexe verladen hatten, hinterherjewandelt un die 100 Kronen habe ich ihm ooch anvertraut. Na, jnädjer Herr, det wir die Jesellschaft so schnell losjeworden sind, dafür können wir Jott danken!"

„Mir können Sie danken", lachte der Wanderjäger, und er erzählte dem sprachlos lauschenden Juchtenstiebel, was er sich für einen Gewaltcoup geleistet hatte, um die beiden loszuwerden.

Als er geendet, nickte Juchtenstiebel mit dem Kopfe. „Sehr scheene war's ja nich," meinte er, „aber jeholfen hat's radikal."

Viel haben wir von den beiden oder vielmehr von den dreien nicht mehr gehört. Die Brunfthexe war über Nacht bei dem Krämer im Dorf geblieben und am nächsten Mittag nach Empfang ihrer Sachen und des Hundertkronenscheins abgereist. Das richtige Ehepaar hatte sich auch nicht einmal im Dorf mehr aufgehalten, hatte nur die Pferde gewechselt und war gleich nach der Station weitergefahren. Der Frühzug hatte sie bereits entführt.

Ein großes Jammern erhob sich, als sie weg waren, bei Istvan, der Wegewärterfrau und verschiedenen anderen Personen im Dorf, die durch die schnelle und plötzliche Abreise um mehr oder minder hohe Geldbeträge gebracht wurden, die sie törichterweise kreditiert hatten. Natürlich kamen alle zu mir gelaufen, ich sollte sie schadlos halten. Wie gern ich das getan habe, kann sich jeder denken, der mich kennt.

Die Pelternsche Ehe ging natürlich in die Brüche, wie ich später erfuhr. Sie hat wieder geheiratet, er machte den Türkenkrieg mit und starb an der Cholera.

Von der Brunfthexe habe ich nichts mehr gehört und gesehen, sie ist verdorben, gestorben, was weiß ich; ich habe auch keine Sehnsucht nach ihrem Antlitz verspürt. Aber mit dem Moment, in dem sie die Gegend verließ, war auch der Bann gebrochen, der Zauber von meinen Hirschen genommen, und es traten wieder normale Zustände ein, wie wir im folgenden gleich sehen werden.

XIV.

Bevor wir am nächsten Morgen in aller Frühe aufbrachen, gab ich Juchtenstiebel den Auftrag, sofort mit Tagesanbruch alle unsere Sachen zu packen und mit dem Lastpferde nach dem Blockhaus zu schaffen. Oben angekommen, solle er die Bude von allen üblen Spuren ihrer früheren Bewohner reinigen, Feuer machen, heizen und auch eine anständige Rindfleischsuppe auf den Herd setzen; voraussichtlich würden wir zu Mittag dort sein.

Sodann machten der Wanderjäger und ich uns noch bei völliger Dunkelheit auf den Weg. Trübe brannte das Licht in der Laterne und gab nur notdürftigen Schein, daß man nicht gerade vom Wege abkam und in die Tiefe kullerte oder in eins der vielen grundlosen, mit Wasser und Modder gefüllten Löcher mitten im Wege hineintrat und sich die Beine brach. Der ganze Weg spottete einfach jeder Beschreibung, dabei war er augenblicklich noch in verhältnismäßig glänzendem Zustande, in seiner ganzen Pracht und Herrlichkeit lernte man ihn erst bei anhaltendem Regenwetter kennen. Ihn dann passieren zu müssen, war direkt eine Strafe. Mein Kamerad hinter mir schimpfte und fluchte nicht schlecht: Ein Blödsinn verdammter, in solcher Dunkelheit loszumarschieren, erst solle ich

98

die Wege in Ordnung bringen lassen, ehe ich ihn wieder einlüde; vor allen Dingen müßte ich mehr Blockhäuser ins Revier setzen, damit man nicht immer stundenlang zu laufen hätte, und ähnliches mehr. Ich gab auf alles keine Antwort, sondern schritt bei jedem Fluch nur noch etwas schneller vorwärts.

Nun bogen wir rechts in den Graben ein, und da wurde es erst ganz schlimm. Der Wanderjäger lief auf Gummisohlen und hatte meinen guten Rat, sich lieber ein Paar Nagelstiefel zu besorgen, nicht befolgt. Nun waren aber gerade in diesen Gräben überall die Wege aus Rundhölzern gemacht, auf denen das Holz zu Tal geschafft wurde, wodurch sie schon an und für sich sehr glatt und schließlich dadurch, daß sie ständig das Wasser des Gebirgsbaches bespülte, so schlüpfrig wurden, daß mit Gummisohlen nur mit Lebensgefahr auf ihnen zu laufen war und man bei Nacht mindestens alle hundert Meter einmal hinschmierte. Des Wanderjägers Schimpfen und Fluchen ging allmählich in ein gotteslästerliches Toben über, und als er wieder einmal mit lautem Klatsch ins Wasser fiel, erklärte er kategorisch, nun ginge er keinen Schritt weiter, ehe es nicht heller würde.

„Mach, was du willst," sagte ich ägerlich, „dann werde ich den Hirsch schießen, das kann mir ja nur recht sein. Wir haben mindestens noch eine ganze Stunde zu laufen, bis wir da in der Nähe sind, wo der Hirsch gestern abend schrie. Außerdem müssen wir auch noch den Berg dreiviertel hinauf, den Pirschsteig findest du allein niemals, also entschließe dich schon mitzukommen; diese Kletterei auf dem Holz dauert nicht mehr lange."

Nun, zureden half, ächzend und murrend erhob er sich und schlidderte wieder hinter mir her. Bald ging's vom Graben links ab und in steilen Serpentinen den Berg hinauf. Nun lief ich ihm wieder zu schnell, brummte er unwillig, er hätte ein krankes Herz, so rasch könne er nicht steigen.

Auch diese Etappe wurde überwunden; wir waren oben und konnten nun auf dem Pirschsteig ohne große Steigungen und Senkungen ziemlich flott und bequem vorwärtsschreiten. Jetzt mitten durch einen großen Schlag, nun um eine Bergnase herum wieder

bis an einen Schlag. Am Rande desselben „Halt", Jagdstuhl aufge-
schlagen, Zigarre angesteckt, nach der Uhr gesehen – halb sechs –
und gelauscht! Neben mich etablierte sich der Wanderjäger, ich
hörte den Korken aus der Pulle glitschen, gleich darauf kluckerte
es, nun war er mit seinem Schicksal zufrieden, und der Humor war
wieder hergestellt.

„Es ist doch reichlich spät geworden," flüsterte ich bedauernd,
„wer weiß, ob der Hirsch noch melden wird."

„Er wird schon," brummte der, „kalt genug ist's ja. Ich wünsch-
te, ich hätte meine Pelzjacke auf dem Leibe!"

Tödliche Stille herrschte rings um uns herum, kein Laut war zu
hören, und nur langsam, nach und nach, wurde es heller. Kein
Hirsch meldete, das Revier war wie ausgestorben.

„Siehst du," knurrte der Wanderjäger, „nun ist die Bande doch
bis zum letzten Brunfttage geblieben, jetzt, wo nichts mehr schreit,
überlassen sie uns die Nachlese."

„Soll ich mal auf der Muschel reizen?" fragte ich.

„Tu's doch, schaden wird's gewiß nicht."

Ich holte die Muschel aus der Tasche und knörte ein paarmal so
recht verdrossen vor mich hin. Alles blieb still. Meine Töne konnten auch höchstens auf hundert Schritt im Umkreise zu hören gewesen sein. Nach fünf Minuten probierte ich es etwas lauter und
nach weiteren fünf Minuten noch einmal, aber auch diese leisen
Trenzer fanden kein Echo. Nun wurde ich frecher und ließ den
Kampfschrei dreimal erschallen, und zwar nach der Richtung, von
wo wir gekommen waren. In demselben Moment bekam ich aber
auch schon einen Rippenstoß vom Wanderjäger, und er deutete
nach oben.

„Was ist?" fragte ich.

„Hast du das Brechen nicht gehört? da oben halb rechts über
uns?"

Ich schüttelte den Kopf, aber nun – ich lauschte mit vorgestreck-
ter Hand – Donnerwetter ja, da brach etwas.

„Es ist ein Hirsch," flüsterte der Wanderjäger, „ich habe ihn mit
dem Geweih anstreichen hören; ich glaube, er zieht von uns weg."

100

Wir verhielten uns mäuschenstill, und ich steckte meine Muschel wieder in die Tasche. Büchsenlicht abwarten, hieß jetzt die Losung, eher konnten wir nichts unternehmen. Noch ein paarmal hörten wir das Brechen sich langsam entfernen. Ein Hirsch war es sicher, aber er ging dem vermeintlichen Rivalen vorsichtig aus dem Wege. – Plötzlich tief unter uns ein lauter Trenzer!

„Aha," flüsterte ich, „siehst du, da ist er! Von da unten kam er gestern abend auch herauf. Was hier über uns brach, war sicher nur ein Beihirsch."

Und wieder holte ich meine Muschel heraus und knörte ein paarmal. Unser Auserkorener wurde ärgerlich, laut schrie er in den erwachenden Morgen hinein.

Ich packte meine Sachen zusammen und stand auf.

„Bleibe hier ruhig sitzen," flüsterte ich, „ich werde schnell den Berg hinaufpirschen und oben anfangen zu röhren. Antwortet der Hirsch gut, so röhre ich mit kurzen Pausen weiter, und du kannst ihn anpirschen oder warten, ob er nach mir hinaufzieht. Antwortet er gar nicht, so komme ich eben vorsichtig wieder zurück. Rendezvous auf alle Fälle entweder früher oder später hier an dieser Stelle. Einverstanden?"

„Ja, Wilder, die Idee scheint mir gar nicht übel."

Im Geschwindschritt lief ich so schnell es ging den Berg in einer Regenrinne nach oben. Es wurde allmählich Büchsenlicht und dabei fand ich einen ganzen Haufen frischer Fährten und Losung. Überall war auch getrieben und geschlagen. Na, der oder die Hirsche hatten sich hier in den letzten Tagen ruhig ausgetobt. Ich sandte dem abgereisten Kleeblatt noch einen kräftigen Fluch nach, dann ging ich an die Arbeit.

Ein-, zwei-, dreimaliges Röhren blieb ohne Antwort. Aber nun machte ich den Sprengruf, daß der ganze Graben dröhnte: ööö, ö, ö, öö, ö!

Das ging dem Platzhirsch da unten doch über den Spaß, zornig schrie er mir den Kampfruf entgegen, mir schien, schon ein ganzes Stückchen höher.

Ich blieb ihm die Antwort nicht schuldig:

Ahu, ahu! ahua! dröhnte es hinunter und mit hörbarem Krachen tapp-tapp-tapp, tapp, – – tapp, tapp – trollte ich durchs Unterholz.

Fünfzig Schritte tiefer ließ ich einen leisen, verbissenen Trenzer hören, ein kurzes ärgerliches Knören, dann Ruhe.

Es dauerte nun eine ganze Weile, ehe sich der Bursche unten wieder meldete. Er war schon höllisch faul geworden, und der Hals tat ihm sicherlich vom vielen Schreien weh. Aber soviel hatte ich doch herausgehört, er war schon wieder etwas höher heraufgewechselt.

Na, dachte ich, nun biegen oder brechen! Und noch einmal dröhnte ich den Sprengruf mit aller Kraft meiner Lungen in den kalten, klaren Morgen hinaus.

Ein kurzer, zorniger Schrei unter mir war die Antwort; dann hörte ich fernes Prasseln und gleich darauf – aha – ein scharfer Büchsenknall!

Befriedigt baute ich ab.

Der Wanderjäger saß noch an derselben Stelle, wo ich ihn verlassen hatte, und dampfte wie ein Fabrikschlot aus seiner Zigarette.

„Da liegt er", meinte er trocken.

Ich sah mich vergebens nach allen Seiten um, konnte den Hirsch aber nicht entdecken.

„Wo denn?"

„Na, da hinter dem Windbruch. Siehst du nicht die eine Stange?"

Ich nahm mein Glas und äugte hin. „Richtig, das ist eine Krone. Drei gute lange Enden, es wird ein Zwölfer sein. Na, Alterchen, das hast du ja gut gemacht. Gratuliere! Siehst du, wo die Hexe weg ist, gleich klappt die Sache. Aber nun wollen wir ihn uns mal ansehen. Du warst wohl noch gar nicht dran?"

„Nein, ich wollte auf dich warten, und dann wollte ich meine Nerven ein bißchen stählen. Das wirkt erzieherisch, wenn man seine Neugier so bezwingt. Übrigens ging die Sache höllisch fix zuletzt. Ich hatte ihn immer langsam näher und näher ziehen hören, aber wie du das letzte Mal den Sprengruf machtest, da war er hier schon dicht am Schlage und kam auf einmal wie das Donnerwetter herausgefahren. Ich sah bloß das kapitale Geweih und die mächtige Krone, wenn ich nicht irre, muß er in der anderen Krone noch ein paar Enden mehr haben, nahm die Büchse an den Kopf und ließ fliegen. Er brach in der Fährte zusammen und war sofort verendet. Die 9,3 schmeißt doch mächtig zusammen.

Ah, das war ein Recke! Der Wanderjäger hatte richtig gesehen, noch zwei Enden mehr hatte er in der anderen Krone, ein ungerader Sechzehnender, schwarze, armdicke, 110 cm lange Stangen, lange Enden, nur das Geweih etwas sehr steil und eng gestellt. Abgekocht wog es später mit ganzem Oberkiefer 8 1/2 kg, das meinige nur 7 1/2 kg.

Wir setzten uns um den Hirsch herum und sahen uns satt an seiner Pracht. Langsam kam die Sonne über die Berge; die in weißem Reif liegenden Almen fingen an zu blitzen und zu glänzen, als wären sie mit Diamanten besät, leise strich der Wind aus dem Tal den Berg herauf, und hier und da fiel ein welkes Blatt. Ganz oben im Calderongraben nach dem neuen Blockhaus zu meldete ein Hirsch, verschwommen nur, farblos kam der Ton an unser Ohr, er rief dem gefallenen Kameraden seinen letzten Abschiedsgruß nach.

Andächtig saß der Wanderjäger mir gegenüber, die Witze waren ihm vergangen, auch in seinem verdorbenen Herzen spürte er die Weihe der Stunde. Endlich stand er auf, strich sich über den Schnurrbart und meinte einfach:

„Es ist doch ein ander Ding, einen einzigen solchen Urwaldhirsch in solcher Szenerie zu strecken als ein Dutzend in Deutschland, na, nochmals besten Dank, diesen Tag und diese Stunde werde ich dir nie vergessen."

„Lüfte den Hirsch," sagte ich, „nimm dir die Haken heraus und binde dein Taschentuch möglichst hoch dort an die trockene Fichte, damit der Juchtenstiebel den Hirsch leichter findet. Ich werde hier einen Bruch auf den Pirschsteig legen. Dann wollen wir mal um den ganzen Calderongraben rundum pirschen, es ist ja noch sehr früh, was sollen wir schon im Blockhaus."

Der Wanderjäger nickte und langsam und gemächlich wanderten wir den Pirschsteig entlang. An der nächsten Lehne prasselten
wir auch noch mit dem Beihirsch, demselben Achter (oder war's
ein Zehner), den mir damals der Hund der Brunfthexe in die
Büchse jagte, zusammen. Er bekam einen höllischen Schreck, raste
die Lehne hinunter und auf der anderen Seite wieder hinauf, oben
verhoffte er wieder einen Moment – „nun wär's Zeit", meinte der
Wanderjäger – und verschwand trollend im Dickicht.

„Den hätte ich nun schon zweimal schießen können," sagte ich
schmunzelnd, „ob die Enthaltsamkeit wohl belohnt wird? Wer
weiß? Wenn ich sein Geweih neben meine deutschen Zehner und
Zwölfer hängen würde, ich glaube wahrhaftig, die würde es zum
großen Teil schlagen. Man wird blasiert hier in der Wildnis. Wenn
man keine Krone sieht, hebt man kaum die Büchse. Na, komm.
Gut, daß der Hirsch dem Peltern nicht in die Büchse lief, der hätte
ihn wahrscheinlich mit Freuden mitgenommen."

Sonst erlebten wir nichts besonderes Erwähnenswertes auf unserem Pirschgang, alle Suhlen und Lecken hatte ich dem Wanderjäger gezeigt, auch die besten Wechsel, einschließlich den Fleck,
wo ich meinen Vierzehnender geschossen, und dann waren wir in
den Blockhausgraben hinunter und auf der anderen Lehne wieder
hinaufgestiegen.

Still und friedlich lag unser Blockhaus im Schein der Sonne, ein
leichtes, blaues Rauchwölkchen quoll aus dem Schornstein, und
unser braver alter Brauner graste zwischen den Bäumen. Juchtenstiebel hatte gründlich aufgeräumt, genau so, wie ich sie seinerzeit
verlassen, lagen die Zimmer da. Über meinem Feldbett hing der
Vierzehnender und der dazugehörige vertrocknete Fichtenbruch,
auf dem Tisch stand die Karaffe, gefüllt mit goldigem Muskateller,
auf dem Herd brodelte und duftete eine köstliche Suppe.

„Hallo," meinte der Wanderjäger, „so lasse ich mir die Bude gefallen, so sieht sie doch gemütlich aus. Paß' mal auf, Wilder, was
wir nun noch für großartig behagliche Tage verleben werden. Und
Sie, oller Juchtenstiebel," brüllte er und klopfte dem Verdutzen
mächtig auf die Schulter, „hier haben Sie 'nen Blauen, den können

Sie meinetwegen versaufen. Aber erst holen Sie mir meinen Sechzehnender, der liegt da drüben im Calderongraben!"

„Weeß schonst," brummte Juchtenstiebel vergnügt und steckte seinen Blauen in den Stiefel, „ick hab's doch knallen jehört! Aberst, denn wer ick doch jleich nachmittags loszieh'n, wo liegt er denn?"

Das wurde ihm ganz genau erklärt, und am Abend hing auch über dem Lager des Wanderjägers ein kapitales Geweih. Aus den paar Tagen, die er noch bleiben wollte, wurden allmählich zwei Wochen, und er hatte recht prophezeit, wir haben noch großartig behagliche Tage in diesem und auch im anderen Blockhaus zusammen verlebt.

Die Höhepunkte waren ein Abend, an dem ich einen braven Zwölfer, und ein Morgen, an dem der Wanderjäger noch einen Kronenzehner streckte. Brunfthirsche allerdings waren es nicht mehr. Die Brunft war vorbei. Wir hörten von jenem Morgen an keinen Hirsch mehr röhren.

Vergnügt ließen wir am 15. Oktober die schwarz-gelben Grenzpfähle hinter uns und erregten unterwegs und in der Heimat nicht geringes Aussehen mit unseren Trophäen.

Hatte ich aber gehofft, in jenem Revier noch Jahre frohen, genußreichen Weidwerks zu verleben, noch manche brave Trophäe mir dort erbeuten zu dürfen, so war das leider ein verzeihlicher Irrtum. Im Winter starb der Graf. Wenige Wochen später schrieb mir sein Sohn, daß er die Herrschaft verkauft und daß mein Jagdrecht erloschen sei.

Ich habe ihm wohl nachgetrauert, dem blendend schönen Revier, aber als Juchtenstiebel meinte: „Schade um det viele Jeld und die viele Arbeet, die wir in det Revier rinjestochen haben", da schüttelte ich nur den Kopf; was ich für ein Revier Gutes getan habe, hat mich noch nie gedauert, wenn auch andere Menschen schließlich die Früchte meiner Hege und Pflege genossen haben.

– – –

Jahrelang habe ich dann in Ungarn nach einem ähnlichen Jagdparadies gesucht, ohne etwas auch nur annähernd Ähnliches zu finden. Im Zempliner Komitat und auch in Galizien fand ich wohl prächtige Reviere, aber irgendeinen Haken hatten sie meist doch, das eine, was ich wohl auch ganz gern auf längere Zeit behalten hätte, was sogar für billiges Geld zu kaufen gewesen wäre, schnappte mir ein Nachbar vor der Nase weg. Das hat mich damals wohl geärgert, doch heute ist es mir einerlei. Die besten Zeiten sind in jenen Gegenden auch unwiderruflich vorbei; wo sich der Holzwurm erst eingenistet hat, da hat sich's „ausgehirscht."

Erst dem Sommer 1912 blieb es vorbehalten, mir eine Jagd im Komitat Marmaros zu bescheren, wie ich sie wohl in meinem Leben nicht wiederbekommen werde. Und was die Hauptsache ist: Auf zehn lange Jahre!

Fünfzigtausend Morgen Fichtenurwald, prachtvolle Almen, glänzende Forellengewässer, Bären in Fülle, Hirsche von einer Stärke, wie sie selbst in Ungarn erstaunlich ist, wenige, aber kapitale Böcke, und eine Unmenge von Auer-, Birk- und Haselwild.

Mein Jägerherz, was willst du noch mehr!

Was mir das Revier bereits gebracht hat an Wonnen des Weidwerks — Geduld, lieber Leser —, das kommt in einem anderen Buch. An Stoff und an Photos habe ich bereits eine ganze Mappe voll, und daß mir dort keine Brunfthexe den Spaß verdirbt, dafür ist gesorgt! — — —

Rudolf Frieß (Oberforstmeister), **Jagdnotizen**

80 Jahre Erfahrungen und Erlebnisse, herausgegeben aus dem Nachlaß; 320 Seiten, 16 × 23 cm, 4 Tafeln (davon 3 farbig), 40 Textabbildungen (davon 10 farbig), Feinleinen

Diese umfangreiche, wertvolle Schrift vollendete der legendäre Oberforstmeister kurz vor seinem Tod. Sie umfaßt das weite Reich der Hege, der **Nachsuche** und der Jagd.

Im Mittelpunkt steht der **Berghirsch** mit all seiner Problematik; auch alle anderen Wildarten werden vergleichsweise immer wieder herangezogen.

Ein Vollblutpraktiker greift hier in das Reich seiner großen Erfahrung und es wäre kein echter FRIESS, wenn der Teil über die Hunde und die Nachsuche nicht fast die Hälfte des Buches ausmachen würde.

Ein Erfahrungsbuch, aufgelockert durch eine Fülle von eigenen Erlebnissen unter gleichzeitiger Berücksichtigung der Schriften unserer bewährten Altmeister, wie Raesfeld, Silva-Tarouca und vielen anderen.

Rudolf Frieß (Oberforstmeister), **Die Bodenjagd**

150 Seiten, 15 × 21 cm, 40 Abbildungen, Feinleinen, 2. Auflage

Die Jagd auf Fuchs und Dachs unter der Erde mit tüchtigen Erdhunden aus Meisterhand.

Rudolf Frieß (Oberforstmeister), Die Zucht und Führung des Gebirgsschweißhundes

ca. 40 S., 1 Tafel, z. Vignetten, kartoniert

Rudolf Frieß (Oberforstmeister), Hatz, Watz, Erlebnisse und Erfahrungen auf der Saujagd mit der Meute

243 S., Illustrationen, geb. Efalin

Rudolf Frieß (Oberforstmeister), Der Deutsche Wachtelhund, Seine Geschichte, Neuzüchtung und Zucht, seine jagdliche Verwendung, Abrichtung und Führung

208 S., 70 Textabb., geb. Efalin

Der grüne Pfad

Walter L. Fournier („Der Wilde Jäger"), Die Brunfthexe

Ein Jagdhistörchen aus den Karpaten, 112 Seiten, 15 × 21 cm, Feinleinen, 18 Abbildungen

Dezsö von Iklody, Auf der Sonnenseite des Lebens

Jagd in **Siebenbürgen**, der Dobrodscha und der Walachei. 186 Seiten, 8 Bildtafeln, 15 × 21 cm, 2. Auflage, Feinleinen

Anton Freiherr von Perfall, Jagdplauderei

Rund um den Schrotschuß; mit jagdlichen Erlebnissen vom Utovo Blatosee (Karpaten), Hahnenfalz und Entenjagd aus Oberbayern. 32 Seiten, kartoniert, 15 × 21 cm, farbiger Deckel

Hans Kramer, Elchwald

Land, Leute, Jagd. 2., vom Verfasser selbst verbesserte Auflage, 25 × 17 cm, 365 Seiten, 203 Fotos, 16 Künstlerbilder, davon 4 farbig, mit einer topografischen farbigen Landkarte über den Elchwald, Leinenband 1985

Der Elchwald als Quell und Hort ostpreußischer Jagd: Das vierzig Jahre nach dem Verlust der ostpreußischen Heimat in zweiter, überarbeiteter Auflage erscheinende Buch **Elchwald** schildert eine einzigartige Landschaft des nördlichen Ostpreußen, den Elchwald, seine reiche Tier- und Pflanzenwelt und die Menschen, die hier noch vor einigen Jahrzehnten lebten.

Der 1982 verstorbene Autor Hans Kramer, Leiter des Oberforstamtes Elchwald und letzter Elchjägermeister Deutschlands läßt vor unseren Augen das ehemals größte Naturschutzgebiet des Deutschen Reiches und das über 100 000 ha umfassende Staatsjagdrevier wieder entstehen. Wir erleben urwüchsige Wälder.

Ein liebevolles Gedenken widmet Hans Kramer den hier einst lebenden Menschen, den Betreuern von Wald und Wild und den Bewohnern der benachbarten Ortschaften. Die humorvolle Schilderung vieler menschlicher Originale und der nicht immer erfreulichen Begegnungen mit den verschiedenartigsten Jagdgästen lockert den sachlichen Bericht ganz wesentlich auf.

Zahlreiche vorzügliche Fotos sind einmalige Dokumente einer vergangenen Zeit. So vermag dieses hervorragend ausgestattete Buch ein verlorenes Paradies in Wort und Bild in unserer Erinnerung festzuhalten.

Die Jagdpraxis

Bibliothek für Jäger und Jagdliebhaber. Hervorragende Fach- und Erlebnisbücher von anerkannten Fachleuten

Aus der Praxis – für die Praxis

Georg Graf zu Münster, Der Hirschruf

Erfahrungen und Erlebnisse auf der Rufjagd (Alpen, Karpaten und Ungarn); 141 Seiten, 17 Abb. und 4 Kunstblätter in Kupfertiefdruck, mit einem musikalisch-phonetischen Anhang über Brunftlaute von Prof. Dr. Martin Seydel, 23 × 16 cm

Georg Graf zu Münster, Die Geheimnisse der Blattkunst

Erfahrungen und Erlebnisse auf der Rehjagd; 54 Seiten, 1 Tafel mit Abbildungen, 23 × 16 cm

E.v.d. Bosch (Premier-Lieutnand a.D.)
Fang des einheimischen Raubzeugs

und Naturgeschichte des Haarraubwildes, X, 275 Seiten, 100 Holzschnitte (zeigen Fallen), 23 × 15 cm, kartoniert, 1879;
Neue Originalausgabe 1984

Rudolf Frieß (Oberforstmeister), Sünden rings um die Schweißarbeit

Winke für die Ausbildung und Führung von Hunden auf der Rotfährte und bei der Hatz. 36 Seiten, 21 × 15 cm, kartoniert

Georg Friedrich, Gedichte für Jäger und Jagdliebhaber

XII, 96 Seiten, 13 × 9 cm, kartoniert, um 1840 (Lindner 11.0641.02); kein Standort nachweisbar. Ein Exemplar befand sich in der Sammlung SCHWERDT. Faksimiledruck